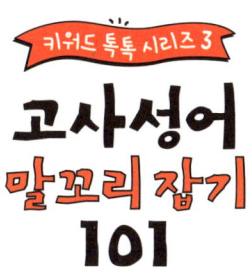

키워드 톡톡 시리즈 3

고사성어 말꼬리 잡기 101

글 김종상
그림 송영훈

북멘토

머리말

101개의 고사성어를
뜻풀이부터 유래까지 한 번에 배워요!

　서울로 갔던 아버지 친구가 고향으로 돌아왔어요. 크게 성공해서 돌아왔다고 사람들의 칭찬이 대단했지요. 어머니와 아버지도 그 사람 이야기를 하고 있어요.
　"당신과 죽마고우라면서요?"
　"그럼요! 어릴 때부터 허물없이 지낸 막역지우지요."
　"금의환향했다고 부모님께서 아주 기뻐하시겠어요."
　"그렇겠지요. 그 친구 고생도 정말 많이 했는데, 고진감래예요."
　우리 친구들은 이 대화를 다 알아들을 수 있나요? 어머니와 아버지는 고사성어를 사용해서 대화를 나누고 있어요. '죽마고우'는 어릴 때부터 같이 놀며 자란 친구이고, '막역지우'는 서로 허물없이 지내는 친한 친구를 말해요. '금의환향'은 아주 잘되어서 고향에 돌아온다는 뜻이고, '고진감래'는 고생 끝에 즐거움이 온다는 말이에요. 모두 네 글자의 짧은 말 속에 깊은 뜻이 담긴 고사성어故事成語지요.

한자로 이루어진 고사성어는 옛이야기에서 유래되었어요. 보통 네 글자로 되어 있어서 '사자성어'라고도 하지요. 옛이야기에는 우리나라 중국의 신화, 전설, 역사, 고전, 문학 작품 등이 모두 포함돼요. 그중에서도 중국의 역사와 고전에서 생겨난 고사성어가 많답니다.

이 책에는 널리 쓰이고 있는 고사성어 가운데 초등학생들에게 좋은 가르침이 될 고사성어 101개를 뽑아서 그 뜻풀이와 유래, 쓰임새를 보여 주었어요. 우선 고사성어가 어떤 뜻으로 쓰이는지 알려 주고, 고사성어를 이루는 한자들을 두 글자씩 뜻풀이해 주었어요. 해시태그(#)에는 우리 친구들이 각각의 고사성어를 배우고 나서 SNS에 올릴 법한 문장을 달았어요. 친구들의 눈높이나 상황에 맞는 한두 문장으로 고사성어의 뜻을 확실히 복습할 수 있지요. 또, 고사성어가 유래된 옛이야기나, 고사성어에 딱 맞는 상황을 보여 주는 101개의 이야기가 익살스러운 일러스트와 함께 어우러져 있어 훨씬 더 쉽게 이해할 수 있답니다.

고사성어에는 우리 조상들의 지혜와 경험이 녹아들어 있어요. 고사성어에 담긴 교훈이나 뜻이 오늘날에도 여전히 통하기 때문에 일상생활에서 아주 많이 쓰이지요. 특별한 상황이나 사람의 심리 등을 단 네 글자에 함축해 놓았기 때문에 구구절절한 설명보다 훨씬 효과적으로 뜻을 전달할 수도 있어요. 그래서 고사성어를 적절히 사용하면 대화의 수준을 높일 수 있고, 좋은 글을 쓸 수 있어요. 이 책이 우리 친구들의 지식과 교양의 폭을 넓히는 데 도움이 되기를 바랍니다.

김종상

차례

머리말 ⋯ 4

PART ㄱ

1 **가렴주구** 苛斂誅求 ⋯ 12
  혹독한 정치가 호랑이보다 무섭다

2 **각주구검** 刻舟求劍 ⋯ 14
  칼이 떨어진 자리가 여기라고?

3 **감언이설** 甘言利說 ⋯ 16
  토끼야, 황제처럼 살아 볼래?

4 **개과천선** 改過遷善 ⋯ 18
  제발 과거의 날 잊어 줘

5 **거두절미** 去頭截尾 ⋯ 20
  요점만 말할 테니 잘 들어

6 **견물생심** 見物生心 ⋯ 22
  우애에 금 갈까 두려워

7 **결초보은** 結草報恩 ⋯ 24
  은혜는 꼭 갚는다니까

8 **경거망동** 輕擧妄動 ⋯ 26
  부디 고개를 숙이시오

9 **경국지색** 傾國之色 ⋯ 28
  물고기가 헤엄치는 걸 잊을 정도로 예뻐

10 **계란유골** 鷄卵有骨 ⋯ 30
   달걀 먹을 운이 아니었나 봐

11 **고진감래** 苦盡甘來 ⋯ 32
   정말로 공부가 하고 싶었다오

12 **곡학아세** 曲學阿世 ⋯ 34
   세상의 속물들에게 아부하지 말게

13 **골육상쟁** 骨肉相爭 ⋯ 36
   왕자의 난과 태종

14 **과대망상** 誇大妄想 ⋯ 38
   있으나 마나 한 존재라고요?

15 **괄목상대** 刮目相對 ⋯ 40
   사흘 만에 달라지는 게 선비일세

16 **교각살우** 矯角殺牛 … 42
뿔을 바로잡아 제물로 바쳐야지

17 **구상유취** 口尚乳臭 … 44
젖내 나는 장수일 뿐

18 **군계일학** 群鷄一鶴 … 46
닭 무리 속에 학 한 마리가 내려앉은 듯

19 **금의환향** 錦衣還鄕 … 48
고향으로 돌아갈 거야

20 **기고만장** 氣高萬丈 … 50
내가 미륵불이라니까

21 **기인지우** 杞人之憂 … 52
하늘이 무너질까 걱정이야

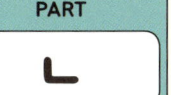

22 **낙락장송** 落落長松 … 54
온 세상이 눈에 덮여도 혼자 푸를 것이오

23 **난형난제** 難兄難弟 … 56
형도 동생도 다 훌륭하단다

24 **남가일몽** 南柯一夢 … 58
호화롭게 살다 온 것이 꿈이라고?

25 **낭중지추** 囊中之錐 … 60
주머니 속에 넣어 주면 뾰족한 끝을 보여 줄게

26 **노마지지** 老馬之智 … 62
늙은 말의 지혜

27 **누란지위** 累卵之危 … 64
위기에서 벗어나 재주를 펼치다

28 **다다익선** 多多益善 … 66
폐하는 장수의 장수입니다

29 **당랑거철** 螳螂拒轍 … 68
감히 수레와 맞서는 벌레라니

30 **대기만성** 大器晩成 … 70
큰 인물이 되려면 시간이 필요해

31 **대동소이** 大同小異 … 72
동포끼리는 정이 가는 법

32 **독불장군** 獨不將軍 … 74
흩어지면 한 개의 화살이 될 것이다

33 **동고동락** 同苦同樂 … 76
곰이 뭐래?

34 **동문서답** 東問西答 … 78
난 소고기를 좋아하는데

35 **동병상련** 同病相憐 … 80
똑같은 원한을 가지고 있는 사이

36 **마이동풍** 馬耳東風 … 82
말의 귀에 바람이 스치는 정도로 생각해

37 **막역지우** 莫逆之友 … 84
마음에 거슬림이 없는 벗

38 **만물일체** 萬物一體 … 86
짐승도 벌레도 사람도 모두 한 몸

39 **맹모삼천** 孟母三遷 … 88
위대한 학자는 저절로 자라지 않아

40 **맹인모상** 盲人模象 … 90
눈 뜬 장님은 되지 마라

41 **면종복배** 面從腹背 … 92
코르시카 괴물에서 황제까지

42 **무릉도원** 武陵桃源 … 94
복숭아 꽃잎이 날리는 이상향

43 **부자유친** 父子有親 … 96
고려장과 아들의 효심

44 **분서갱유** 焚書坑儒 … 98
책을 불태우고 선비를 땅에 묻다니

45 **붕우유신** 朋友有信 … 100
목숨을 건 의리

46 **사면초가** 四面楚歌 … 102
고향 노래를 들으니 눈물이 나

47 **삼인성호** 三人成虎 … 104
헛된 말은 귀담아듣지 마세요

48 **상전벽해** 桑田碧海 … 106
바다가 먼지를 풀풀 일으키고 있다더라

49 **새옹지마** 塞翁之馬 … 108
어쩌면 행운을 가져올지도 몰라

50 **솔선수범** 率先垂範 … 110
또 통나무를 옮길 일이 있으면 부르게

| 51 | **수구초심** 首丘初心 … 112
죽을 때가 되면 고향이 그립다

| 52 | **순망치한** 脣亡齒寒 … 114
이웃이 망하면 우리도 망할 것입니다

| 53 | **시어다골** 鰣魚多骨 … 116
불쌍한 시어에게 뼈를 나눠 주어라

| 54 | **식자우환** 識字憂患 … 118
조조가 보낸 가짜 편지

PART ㅇ

| 55 | **안하무인** 眼下無人 … 120
공주와 하느님의 딸

| 56 | **양상군자** 梁上君子 … 122
한두 번 나쁜 짓을 하다 보면

| 57 | **어부지리** 漁父之利 … 124
조개와 도요새가 다투면

| 58 | **언중유골** 言中有骨 … 126
절대 소문 내면 안 돼요

| 59 | **역지사지** 易地思之 … 128
빚 갚을 형편이 되냐고요?

| 60 | **염량세태** 炎涼世態 … 130
무슨 염치로 다시 찾아온 것인가?

| 61 | **영원무궁** 永遠無窮 … 132
아주 길고 긴 세월이라면

| 62 | **오비이락** 烏飛梨落 … 134
까마귀와 뱀의 악연

| 63 | **외유내강** 外柔內剛 … 136
넌 어떻게 멀쩡하니?

| 64 | **우공이산** 愚公移山 … 138
내가 죽으면 아들이, 아들이 죽으면 손자가

| 65 | **우이독경** 牛耳讀經 … 140
내 말은 그런 뜻이 아니야

| 66 | **우후죽순** 雨後竹筍 … 142
언제 저렇게 자랐지?

| 67 | **유구무언** 有口無言 … 144
당장 할 수 있는 일이잖아

| 68 | **인산인해** 人山人海 … 146
산아, 이리 오너라

| 69 | **일거양득** 一擧兩得 … 148
호랑이 두 마리가 싸운다면

70 **일어탁수** 一魚濁水 … 150
죄 없는 다른 사람들을 위하여

71 **일편단심** 一片丹心 … 152
석가탑에 얽힌 전설

72 **임기응변** 臨機應變 … 154
아주 형편없는 시

PART ㅈ

73 **자가당착** 自家撞着 … 156
그 창으로 그 방패를 찌르면?

74 **자격지심** 自激之心 … 158
모든 게 탄로 났으니 피해

75 **자승자박** 自繩自縛 … 160
먹이를 놓을 순 없어

76 **자화자찬** 自畵自讚 … 162
나라면 10파운드로

77 **장유유서** 長幼有序 … 164
찬물에도 순서가 있는데

78 **적반하장** 賊反荷杖 … 166
대체 누가 도둑이야?

79 **정중지와** 井中之蛙 … 168
강에서 나와 바다를 보니

80 **조삼모사** 朝三暮四 … 170
아침에 네 개, 저녁에 세 개는 좋아

81 **중구난방** 衆口難防 … 172
백성들의 입을 막아서는 안 됩니다

82 **지록위마** 指鹿爲馬 … 174
이것은 말이오, 사슴이오?

PART ㅊ

83 **철두철미** 徹頭徹尾 … 176
내가 알고 신전이 알지

84 **청출어람** 靑出於藍 … 178
스승보다 더 훌륭해지려면

85 **촌철살인** 寸鐵殺人 … 180
검소령에 부칙을 달았더니

86 **침소봉대** 針小棒大 … 182
새끼 용을 봤다니까

PART ㅌ

- 87 **타산지석** 他山之石 … 184
  석불의 머리를 붙이는 방법
- 88 **태연자약** 泰然自若 … 186
  좀 조용히 해 주게
- 89 **토사구팽** 兎死狗烹 … 188
  온 힘을 다해 충성했더니

PART ㅍ

- 90 **파죽지세** 破竹之勢 … 190
  사기가 올랐을 때 단숨에 공격해야

PART ㅎ

- 91 **학수고대** 鶴首苦待 … 192
  대체 어디서 헤매고 있을까?
- 92 **한단지몽** 邯鄲之夢 … 194
  사람 사는 일이 한바탕 꿈인지도 몰라
- 93 **형설지공** 螢雪之功 … 196
  가난을 이겨 내고 성공하다
- 94 **형우제공** 兄友弟恭 … 198
  볏단으로 나눈 형제애
- 95 **호가호위** 狐假虎威 … 200
  감히 짐승들의 왕을 잡아먹겠다니

- 96 **호구지책** 糊口之策 … 202
  목숨을 건 빈대들
- 97 **호접지몽** 胡蝶之夢 … 204
  내가 나비인지, 나비가 나인지
- 98 **화룡점정** 畵龍點睛 … 206
  용이 하늘로 날아갈까 봐
- 99 **화사첨족** 畵蛇添足 … 208
  뱀한테 발은 왜 그려?
- 100 **환골탈태** 換骨奪胎 … 210
  부리랑 발톱이 새로 돋아나면
- 101 **후생가외** 後生可畏 … 212
  어리다고 무시하면 안 돼

부록 고사성어 속 주요 인물 찾아보기 … 214

고사성어 … ㄱ

1 가렴주구 苛斂誅求

가렴주구 : 가혹하게 세금을 걷고 억지로 재물을 빼앗다.

'가렴'이 무슨 뜻이에요?

'가苛'는 '가혹하다', '렴斂'은 '거두다, 긁어 모으다'라는 뜻이야. '가혹할 정도로 많은 세금을 거둬들인다.'라는 말이지. '백성의 재물을 억지로 빼앗는다.'는 의미도 있어.

'주구'는 무슨 뜻인가요?

'주誅'는 '베다, 벌주다', '구求'는 '구하다, 탐내다'라는 뜻이야. 관청에서 백성의 재물을 강제로 요구하여 빼앗는 것을 말하지. 결국 '가렴주구'는 세금을 혹독하게 거두어들이고 재물을 빼앗아 백성들이 살아가기 힘든 정치를 가리키는 말이야.

#호랑이보다 무서운 세금 #가렴주구

혹독한 정치가 호랑이보다 무섭다

공자는 춘추 전국 시대 노나라 사람이야. 어느 날 공자가 제자들과 태산 기슭을 지나고 있었어. 한 여인이 세 개의 무덤 앞에서 슬피 울고 있는 거야. 공자는 제자 자로에게 여인이 우는 이유를 물어보라고 했어. 여인은 "시아버지는 호랑이한테 잡아먹혔고, 남편도 호랑이에게 당했는데, 아들마저 호랑이에게 죽임을 당했답니다."라고 말했어. 공자는 여인에게 왜 이곳을 떠나지 않느냐고 물었지. 그러자 여인은 이렇게 말했어.

"이곳은 세금을 혹독하게 거두지도 않고, 강제로 부역을 시키지도 않으니까요."

이 말을 들은 공자가 제자들에게 말했어.

"혹독한 정치가 호랑이보다 무서운 것이다."

고사성어 … ㄱ

2 각주구검
刻舟求劍

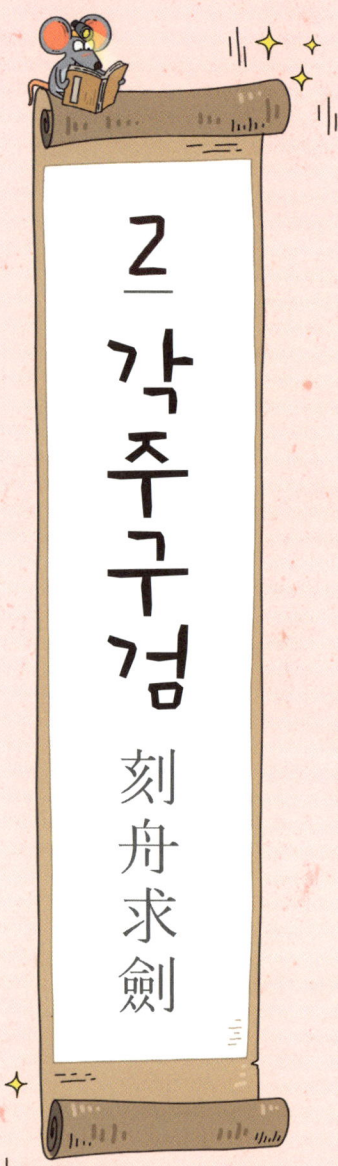

각주구검 : 배에 새겨 칼을 찾는다.
어리석고 미련해서 융통성이 없다.

'각주'가 무슨 뜻이에요?

'각刻'은 '새기다', '주舟'는 '배'라는 뜻이야. 배를 새긴다는 말이냐고? 그게 아니라 '타고 있는 배에 표시를 한다.'라는 의미야.

'구검'은 무슨 뜻인가요?

'구求'는 '구하다, 필요한 것을 찾다.', '검劍'은 '칼'이라는 뜻이야. '칼을 찾는다.'라는 말이지. 칼을 물에 떨어뜨렸는데, 뱃전에 표시해 두었다가 나중에 찾으려 한다는 것이지.

#융통성이 없어서 미련하다고? #절대 아니거든 #각주구검

14

칼이 떨어진 자리가 여기라고?

중국 진나라 때 승상인 여불위는 벼슬이 높고 재산이 많아 왕만큼이나 잘살았어. 그는 여러 학자와 사귀면서 『여씨춘추』라는 책을 썼어. '각주구검'은 그 책에 나오는 말이야.

춘추 전국 시대 초나라 사람이 배를 타고 양쯔강을 건너다가 칼을 강에 빠뜨렸어. 배를 멈출 수 없었던 그는 얼른 주머니칼을 꺼내 칼이 떨어진 뱃전에 표시를 해 뒀어. 그러고는 배가 강가에 닿자 표시해 놓은 뱃전 아래 물속으로 뛰어들었지. 칼을 찾겠다면서 말이야. 그런데 그곳에 칼이 있을 리가 없잖아. 사람들은 그의 어리석은 행동을 보고 비웃었어. 이 이야기에서 유래된 '각주구검'은 융통성 없이 미련하고 어리석음을 나타내는 말이야.

고사성어 … ㄱ

3 감언이설 甘言利說

감언이설 : 남을 꾀어내는 달콤하고 이로운 말. 귀가 솔깃하도록 비위를 맞추는 말.

'감언'이 무슨 뜻이에요?

'감甘'은 '달다, 맛 좋다', '언言'은 '말씀'이라는 뜻이야. '달콤한 말'을 말하지. 귀가 솔깃하도록 비위를 맞추거나, 그럴듯한 거짓말로 남을 속이는 말을 의미해.

'이설'은 무슨 뜻인가요?

'이利'는 '이롭다', '설說'은 '말씀'이라는 뜻이야. '이로운 말'이라는 말이지. 감언이설과 비슷한 말로 '아부', '아첨'이 있어.

#귀가 솔깃한 말을 자꾸 하는데 #믿어도 될까? #감언이설

토끼야, 황제처럼 살아 볼래?

김부식이 지은 역사책 『삼국사기』에는 '구토지설'이라는 토끼와 거북이에 대한 이야기가 있어. 옛날 동해 용왕의 딸이 병에 걸렸는데, 어떤 약을 써도 소용이 없는 거야. 그때 의원이 육지에 사는 토끼의 간을 먹으면 병이 낫는다고 했어. 약으로 쓸 토끼의 간을 구하기 위해 거북이가 육지로 나왔어. 찾고 찾던 중 토끼를 만난 거북이는 달콤한 말로 꾀었지.
"바다 가운데는 섬이 있는데, 언제나 따뜻하단다. 맑은 물과 푸른 숲이 있고, 맛난 과일도 많지. 네가 만약 그곳에 간다면 평생 근심 걱정 없이 황제처럼 살 수 있을 거야."
거북이의 감언이설에 속은 토끼는 용궁으로 가게 되고, 간을 빼앗길 뻔해. 하지만 살기 위해 꾀를 내지. 그다음 이야기는 한번 상상해 봐.

고사성어 … ㄱ

개과천선 改過遷善

개과천선 : 잘못을 고쳐서 착한 사람이 된다.
허물을 고쳐서 착하게 살다.

'개과'가 무슨 뜻이에요?

'개改'는 '고치다, 바꾸다', '과過'는 '잘못, 허물'이라는 뜻이야. '지난날의 잘못이나 실수를 고치다.'라는 말이지.

'천선'은 무슨 뜻인가요?

'천遷'은 '옮기다', '선善'은 '착하다'라는 뜻이야. '착하게 바뀐다.'라는 말이지. 늘 친구들을 괴롭히던 아이가 어느 날부터 착해졌을 때 '개과천선했다.'라고 한단다.

#독불장군 형이 새사람이 되었어 #해가 서쪽에서 뜨려나 #개과천선

제발 과거의 날 잊어 줘

진나라 때 양흠이라는 곳에 힘이 세고 재주가 많은 주처라는 사람이 살았어. 주처는 어렸을 때 아버지를 잃고 떠돌이로 살았는데, 사람들을 괴롭혀서 모두가 싫어했어. 사람들은 남산의 호랑이, 장교 아래의 교룡, 주처를 세 개의 해악이라며 두려워했어.

세월이 흐르자 주처는 자신의 잘못을 깨닫고 새로운 사람이 되겠다고 다짐했어. 하지만 사람들은 주초만 보면 피해 갔어. 주처는 사람들의 두려움을 없애려고 호랑이와 교룡을 잡아 죽였지. 그런데 사람들은 주처가 함께 죽은 줄 알고 기뻐했어. 이 사실을 알게 된 주처는 마음을 고쳐 먹고 '동오'라는 곳으로 가서 학문을 갈고 닦았어. 그리고 이후 충신이 되었다고 해. 정말 개과천선을 한 거지.

고사성어 … ㄱ

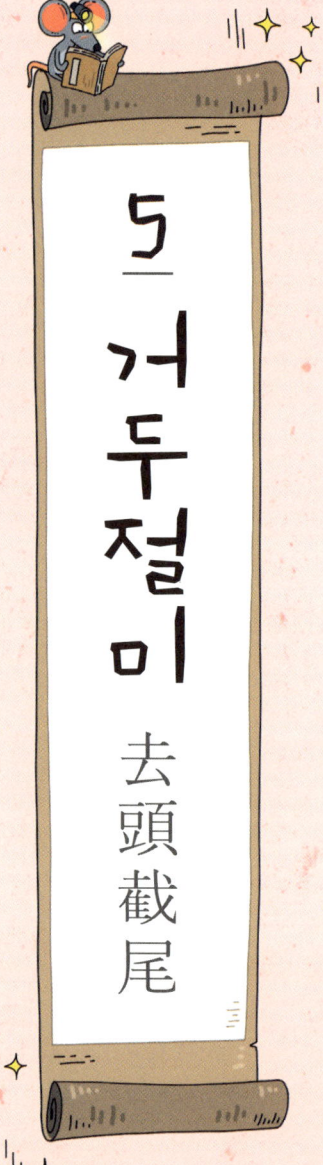

5 거두절미 去頭截尾

거두절미 : 머리와 꼬리를 잘라 버린다.
앞뒤를 줄이고 본론만 말한다.

'거두'가 무슨 뜻이에요?

'거去'는 '가다, 없애다', '두頭'는 '머리'라는 뜻이야. '머리를 제거한다.'라는 말이지. 한강 주변 양화진에는 조선 시대에 천주교인들이 순교한 곳에 세운 절두산 성당이 있어. 여기서 '절두'도 '머리를 자른다.'는 의미야.

'절미'는 무슨 뜻인가요?

'절截'은 '끊다', '미尾'는 '꼬리'라는 뜻이야. '꼬리를 끊는다.'라는 말이지. 진짜로 동물의 꼬리를 자른다는 뜻은 아니고, '뒷말은 이만 줄이겠습니다.'라는 의미야.

#서론이 너무 길어 #핵심만 말해 #거두절미

요점만 말할 테니 잘 들어

아인슈타인이 수소 폭탄을 만들었을 때, 한 사람이 걱정스러운 얼굴로 물었어.

"전쟁이 일어날 때마다 새로운 무기가 나온다면 제3차 세계 대전이 일어날 때는 어떤 무기로 싸우게 될 것 같습니까?"

그러자 아인슈타인은 거두절미하고 이렇게 대답했지.

"만약 제3차 세계 대전이 일어난다면, 어떤 무기로 싸우게 될지는 모르겠소. 하지만 제3차 세계 대전이 끝나고 난 다음에 또다시 전쟁이 일어난다면 모두 돌을 들고 싸우게 될 것은 확실하오."

아인슈타인이 이렇게 말한 데는 이유가 있어. 만약 제3차 세계 대전이 일어난다면 그때는 핵무기로 싸울 거야. 그럼 모든 문명이 파괴될 것이고, 인류는 다시 원시 시대로 돌아간다는 이야기지. 아인슈타인은 이런 설명을 모두 자르고, 즉 거두절미하고 요점만 말한 거야.

고사성어 … ㄱ

6 견물생심 見物生心

견물생심 : 물건을 보면 마음이 일어난다.
물건을 보면 갖고 싶은 욕심이 생긴다.

'견물'이 무슨 뜻이에요?

'견見'은 '보다', '물物'은 '만물, 물건'이라는 뜻이야. '물건을 본다.'라는 말이지.

'생심'은 무슨 뜻인가요?

'생生'은 '나다, 살다', '심心'은 '마음'이라는 뜻이야. '마음이 생기다.'라는 말이지. 여기서는 '욕심이 생긴다.'라는 의미야. 친구가 최신 스마트폰을 자랑하면 나도 갖고 싶은 욕심이 생기잖아. 이럴 때 '견물생심'이라는 말을 쓴단다.

#좋은 걸 보면 누구나 갖고 싶지 #그래도 도둑질은 안 돼 #견물생심

우애에 금 갈까 두려워

'이화에 월백하고 은한이 삼경인 제……'라는 시조「다정가」를 지은 이조년은 고려 때 네 명의 임금을 섬긴 충신이야. 그의 형인 이억년은 개성 유수를 지냈어. 형제는 우애가 깊어 사람들의 본보기가 되었지.

어느 날, 두 형제는 한양으로 가는 길에 금덩이를 주웠어. 둘은 금덩이를 똑같이 나누어 가졌지. 그런데 한강에서 나룻배를 타고 가던 이조년이 금덩이를 버리는 거야. 형 이억년이 "그 귀한 금을 왜 버리느냐?"라고 물었어.

"황금을 갖고 보니 욕심이 생겨 형제간의 우애에 금이 갈까 버렸습니다."

이조년이 태연하게 웃으며 말했어. 이억년도 듣고 보니 견물생심이라, 자신도 금덩이를 강물에 던져 버렸지.

고사성어 … ㄱ

ㄱ 결초보은 結草報恩

결초보은 : 풀을 묶어서 은혜를 갚는다.
죽어서도 은혜를 갚는다.

'결초'가 무슨 뜻이에요?

'결結'은 '묶다, 매듭을 짓다', '초草'는 '풀'이라는 뜻이야. '풀을 묶는다.'라는 말이지. 이 풀과 저 풀을 서로 이어 한데 묶는 것을 의미해.

'보은'은 무슨 뜻인가요?

'보報'는 '갚다', '은恩'은 '은혜'라는 뜻이야. '은혜를 갚는다.'라는 말이지. 결국 '결초보은'은 '풀을 묶어 은혜를 갚는다.'는 말인데, 살았을 때 갚지 못한 은혜를 죽은 뒤에라도 잊지 않고 갚는다는 의미로 쓰여.

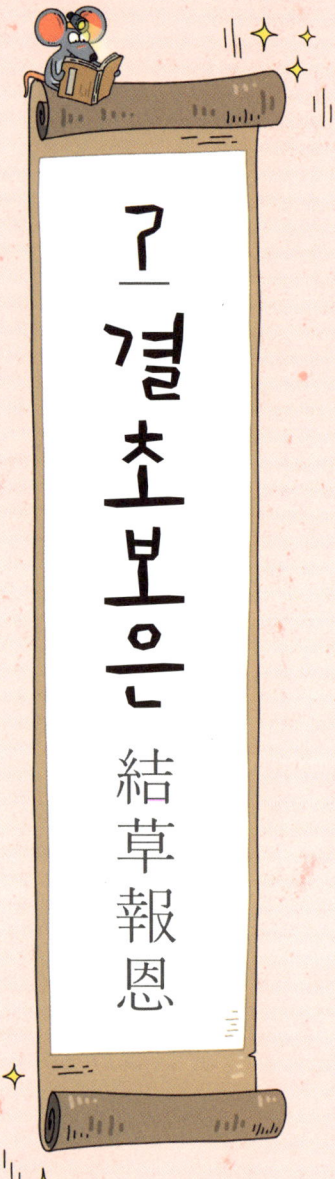

#죽어서라도 은혜는 꼭 갚을게 #빈말 아냐 #결초보은

24

은혜는 꼭 갚는다니까

중국 진나라에 위무자라는 황제가 있었는데, 조희라는 젊은 여인을 사랑했어. 위무자는 전쟁에 나갈 때마다 두 아들 '과'와 '기'에게 자신이 죽으면 조희를 좋은 곳에 시집보내라고 했어. 그런데 정작 죽음을 앞두자, 조희를 함께 묻어 달라고 했지. 하지만 맏아들은 아버지가 돌아가시자 조희를 다른 사람에게 시집보냈어. 둘째 아들은 아버지의 유언을 따르지 않은 것을 비난했지. 그러자 맏아들이 말했어.
"병이 깊어지면 생각이 흐려지기 마련이다. 정신이 맑았을 때 한 말을 따르는 게 옳단다."
이후 맏아들이 진나라 두회와의 전투에서 위험에 빠졌는데, 누군가가 묶어 놓은 풀에 두회가 걸려 사로잡고 전투에서 크게 이겼어. 그날 밤 꿈에 한 노인이 나타나 말했어.
"나는 조희의 아비요. 내가 은혜를 갚은 것이오."
이 이야기에서 결초보은이라는 말이 유래되었어.

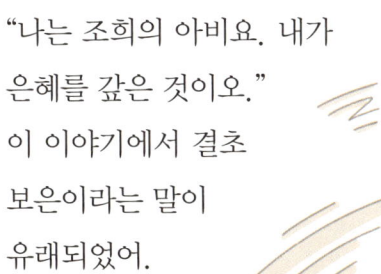

고사성어 … ㄱ

8 경거망동 輕擧妄動

경거망동 : 경솔하고 조심성이 없다.
함부로 가볍게 행동한다.

'경거'가 무슨 뜻이에요?

'경輕'은 '가볍다, 조급히 굴다', '거擧'는 '들다'라는 뜻이야. '가볍게 들다.'라는 말인데, 말과 행동이 신중하지 못하다는 의미야.

'망동'은 무슨 뜻인가요?

'망妄'은 '망령되다, 법도에 어긋나다', '동動'은 '움직이다'라는 뜻이야. '망령된 움직임'이라는 말이지. 생각 없이 경솔하고 가볍게 행동하는 것을 의미해.

#제발 좀 설치지 마 #신중하게 할 때야 #경거망동

부디 고개를 숙이시오

조선 시대에 청렴한 재상으로 추앙받았던 맹사성은 스무 살에 파주 군수가 되었어. 젊은 시절 맹사성은 자만심에 차서 사람들에게 존경받던 무명선사도 우습게 여겼지.

어느 날 무명선사를 만난 맹사성이 군수에게 가장 중요한 일이 무엇이냐고 물었어.

"착한 정치를 하십시오."

"그건 아이들도 아는 것 아니오?"

맹사성은 역시 별 볼일 없는 사람이라며 자리를 박차고 일어났어. 인사도 안 하고 급히 나가다가 문틀에 머리를 부딪치고 말았지. 그러자 무명선사가 빙긋이 웃으며 말했어.

"고개를 숙이면 부딪치는 일은 없습니다."

그 뒤 맹사성은 매사에 신중하고 남에게 머리를 숙이는 겸손한 사람이 되었다고 해.

고사성어 … ㄱ

경국지색 : 나라를 기울게 할 만큼 아름다운 여인.
나라를 위태롭게 할 만큼의 미인.

9 경국지색 傾國之色

'경국'이 무슨 뜻이에요?

'경傾'은 '기울어지다', '국國'은 '나라'라는 뜻이야. '나라가 기울어진다.', '나라가 위태로워진다.'라는 말이지.

'지색'은 무슨 뜻인가요?

'지之'는 '가다, 쓰다'라는 뜻인데, 여기서는 어조사 '~의'로 쓰였어. '색色'은 '빛'이라는 뜻으로, 낯빛, 기색, 생김새 등을 말하지. 여기서는 매우 아름다운 여인을 뜻해.

#누나가 우리나라에서 제일 예뻐 #진짜야 #경국지색

물고기가 헤엄치는 걸 잊을 정도로 예뻐

중국 월나라 왕 구천은 오나라 부차와의 싸움에서 지고 잠을 이루지 못했어. 구천의 신하 범려가 궁리 끝에 자신이 데리고 있는 서시를 부차에게 보내서 미인계를 쓰자고 했어.

서시는 매우 아름다운 여인이었어. 어느 날 그녀가 냇가를 지나다가 물속에서 놀고 있는 물고기를 들여다봤어. 그런데 물고기들이 서시의 얼굴을 보는 순간, 아름다움에 넋을 잃고 헤엄치는 것도 숨 쉬는 것도 잊어서 그만 모두 죽고 말았대. 그래서 '침어'라는 별명이 붙었지.

이렇게 아름다운 서시를 만난 부차는 마음을 몽땅 빼앗겨 버렸어. 서시를 후궁으로 삼아 함께 지내며 나랏일을 돌보지 않았지. 이 기회를 이용하여 구천은 오나라를 쳐들어가서 부차를 쉽게 이겼어. 결국 부차는 죽고 오나라는 망했어. 오나라를 망하게 할 정도로 서시는 중국 제일의 경국지색이었던 거야.

고사성어 … ㄱ

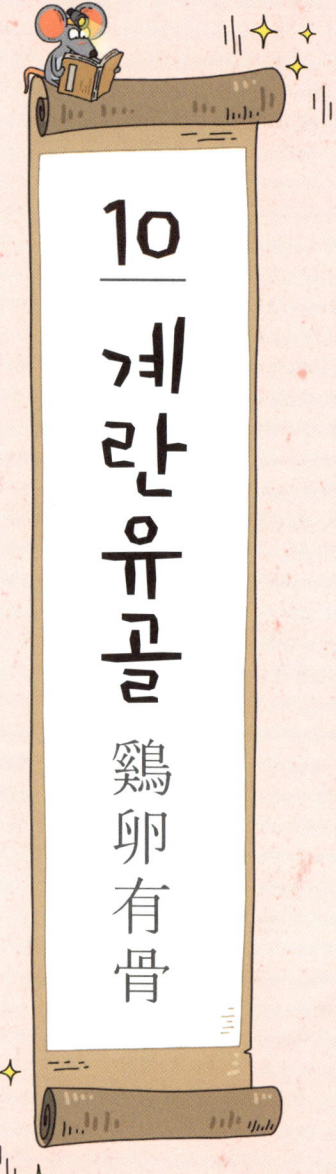

10 계란유골
鷄卵有骨

계란유골 : 계란에도 뼈가 있다. 운이 나쁜 사람은 좋은 기회를 만나도 일이 잘 안 된다.

'계란'이 무슨 뜻이에요?

'계鷄'는 '닭', '란卵'은 '알'이라는 뜻이야. 달걀을 말하지.

'유골'은 무슨 뜻인가요?

'유有'는 '있다', '골骨'은 '뼈'라는 뜻이야. '뼈가 있다.'라는 말이지. 계란은 노른자와 흰자가 단단한 껍질에 덮여 있을 뿐 뼈는 없어. 그런데 계란에 뼈가 있다는 것은 그만큼 일이 크게 잘못되었다는 의미야.

#모처럼 100점인데 #연습 문제라네 #계란유골

달걀 먹을 운이 아니었나 봐

조선 시대 세종 때 황희는 검소한 생활을 했어. 세종이 그를 도와줄 방법을 생각하다가 어느 날 숭례문을 열었을 때부터 닫을 때까지 문 안으로 들어오는 물건들 가운데 황희에게 필요한 물건을 모두 사 주기로 했어. 그런데 그날은 새벽부터 폭풍우가 몰아쳐서 숭례문을 들어오는 장사꾼이 한 명도 없지 뭐야. 날이 저물기 시작하자 세종은 대궐로 돌아가려고 했어. 그때 허름한 차림의 노인이 달걀 꾸러미를 들고 숭례문으로 들어왔어. 세종은 기쁜 마음에 달걀을 사서 황희에게 보냈지. 그런데 황희가 달걀을 삶아서 먹으려고 하자 모두 곯아서 한 알도 먹을 수 없었어. 이 이야기에서 '계란유골'이란 말이 생겼다고 해.

11 고진감래 苦盡甘來

고진감래 : 쓴맛이 다하면 단맛이 온다.
고생 끝에 즐거움이 온다.

'고진'이 무슨 뜻이에요?

'고苦'는 '괴롭다, 쓰다', '진盡'은 '다하다'라는 뜻이야. '쓴맛이 다한다.'라는 말이지. 여기서는 '괴로움이나 고생이 끝났다.'라는 의미야.

'감래'는 무슨 뜻인가요?

'감甘'은 '달다', '래來'는 '오다'라는 뜻이야. '단것이 온다.'라는 말이지. 여기서 '단 것'은 사탕이나 초콜릿 등을 말하는 게 아니라 좋은 일이나 기쁜 일을 가리켜. 결국 '고진감래'는 고생은 끝났고 기쁜 일이 온다는 의미지.

#수학 시험 100점 #고생 끝에 얻은 행복 #고진감래

정말로 공부가 하고 싶었다오

옛날 중국 한 마을에 공부를 몹시 하고 싶어 하는 농부가 있었어. 하지만 먹고사는 형편이 어려워 늘 일에 쫓기며 살아야 했지. 읽을 책은 물론이고 종이나 붓 한 자루도 살 수 없었어. 농부는 밭에 나가 일하다가 쉴 때면 호미 끝으로 밭이랑에 글씨를 써 보고, 집에 돌아오면 나뭇가지에 맹물을 찍어 나뭇잎에 글씨를 쓰며 공부를 했어. 글자를 익힌 뒤에는 서당 다니는 사람들에게 책을 구걸해 일하는 틈틈이 읽었지.

추녀에서 떨어지는 물방울이 돌을 뚫는다는 말이 있어. 농부는 훗날 과거 시험에 합격했어. 『논어』에 나오는 도종의라는 사람의 이야기야. 고생 끝에 즐거움이 온다는 고진감래의 내용이지.

고사성어 … ㄱ

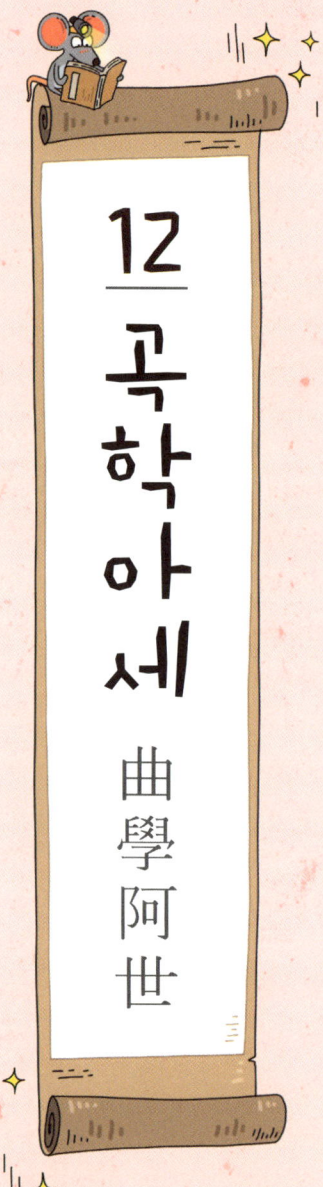

12 곡학아세 曲學阿世

곡학아세 : 그릇된 학문으로 세상에 아첨한다.
자신의 뜻을 굽혀 세상에 아부하여 출세하려 한다.

'곡학'이 무슨 뜻이에요?

'곡曲'은 '굽다, 굽히다'라는 뜻으로, 바르지 못하고 잘못된 것을 말해. '학學'은 '배우다'라는 뜻으로, 공부, 교육, 지식, 학문 등을 말하지. '곡학'은 배운 학문이나 알고 있는 지식이 바르지 못하다는 의미야.

'아세'는 무슨 뜻인가요?

'아阿'는 '아첨하다', '세世'는 '세상'이라는 뜻이야. 살아가면서 사람이나 세상일에 비위를 맞추려고 아첨을 떤다는 말이지.

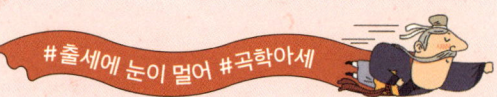
#출세에 눈이 멀어 #곡학아세

세상의 속물들에게 아부하지 말게

원고생은 중국 한나라의 황제 경제 때 박사로 임명되었다가 다음 황제인 무제 때도 부름을 받았어. 젊은 학자들은 학문이 깊고 성격이 곧은 원고생이 있으면 자신들을 어리석게 볼까 봐 황제에게 그의 험담을 했어. 함께 황제의 부름을 받고 온 공손홍이라는 젊은 학자가 특히 원고생을 무시했지.

"늙어 빠진 영감탱이가 집에서 손자나 볼 것이지, 뭘 하겠다고 설치는지."
원고생은 조금도 개의치 않고 말했어.

"지금 학문의 도가 어지러워 속설이 유행하고 있네. 이대로 두면 바른 학문이 잘못된 지식에 밀려 참모습을 잃게 될 거야. 자네는 젊고 학문을 좋아하니, 학문에 더욱 힘써서 자신의 뜻을 굽혀 세상의 속물들에게 아부하지 말게."

이 말을 들은 공손홍은 자기 행동을 크게 뉘우치고, 원고생의 제자가 되었어.

고사성어 … ㄱ

13 골육상쟁 骨肉相爭

골육상쟁 : 뼈와 살이 서로 싸운다.
같은 피를 나눈 사람끼리 다툰다.

'골육'이 무슨 뜻이에요?

'골骨'은 '뼈', '육肉'은 '살'이라는 뜻이야. '뼈와 살'이라는 말이지. 뼈와 살은 함께 붙어서 떨어질 수 없잖아. 그렇게 가장 가까운 관계를 의미해.

'상쟁'은 무슨 뜻인가요?

'상相'은 '서로', '쟁爭'은 '다투다'라는 뜻이야. '서로 싸운다.'라는 말이지. 결국 '골육상쟁'은 형제나 동포처럼 같은 혈족끼리 다툰다는 의미야.

#형제끼리 웬 싸움이야 #골육상쟁

왕자의 난과 태종

조선을 세운 태조 이성계가 왕위에 오른 뒤 왕자의 난이 두 번이나 일어났어. 임금 자리를 두고 싸운 골육상쟁이었지. 조선을 세우는 데 이방원이 큰 공을 세웠는데도 불구하고 개국 공신들의 추천을 받아 막내 방석이 세자에 올랐어. 이에 불만을 품은 방원이 세자와 방번을 죽여 버리지. 그 뒤에 방원의 둘째 형인 방과가 세자에 오르는데, 이것을 '1차 왕자의 난'이라고 해.

얼마 후 방원의 형인 방간이 세자 자리를 노리면서 방원과 방간 사이에 큰 싸움이 일어나는데, 이것이 '2차 왕자의 난'이야. 이 싸움에서 이긴 방원이 조선의 3대 임금 태종이 되었지.

고사성어 … ㄱ

과대망상 : 너무 대단한 것처럼 부풀린다.
실제보다 턱없이 크게 생각한다.

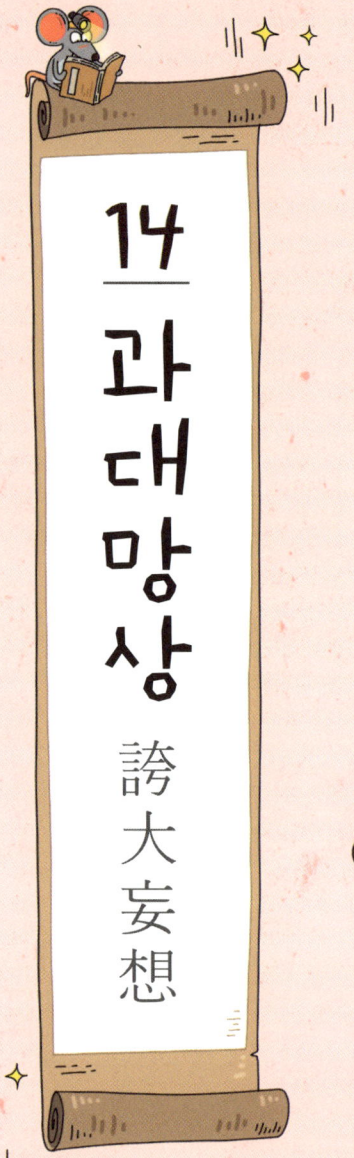

14 과대망상 誇大妄想

'과대'가 무슨 뜻이에요?

'과誇'는 '자랑하다', '대大'는 '크다'라는 뜻이야. 작은 것을 부풀려서 자랑하는 걸 말하지. '부풀리다', '허풍을 떨다.', '작은 것을 크게 말하다.'라는 의미야.

'망상'은 무슨 뜻인가요?

'망妄'은 '망령되다', '상想'은 '생각'이라는 뜻이야. '망령되게 생각한다.'라는 말이지. 이치에도 맞지 않고 사실도 아닌 허황된 생각을 의미해.

#터무니없는 생각 #과대망상

있으나 마나 한 존재라고요?

외양간에서 황소가 낮잠을 자고 있는데, 모기가 날아왔어.
"아이코, 날개야. 여기 좀 앉아 쉬어야겠다."
모기는 쉴 곳을 찾다가 자고 있는 황소 뿔에 앉았어. 그때 황소가 잠에서 깨어났지. 모기는 자신 때문에 깼다고 생각했어.
"황소 아저씨, 제가 단잠을 깨웠군요. 미안해요."
황소는 들었는지, 못 들었는지 말없이 되새김질만 했어. 그런데 모기는 잠을 깨워서 황소가 화가 났다고 생각했어.
"제가 여기 앉아 있는 게 불편한가 봐요. 그럼 다른 데로 갈게요."
모기는 자신을 대단하게 생각하고 황소에게 사과했어. 하지만 황소는 이렇게 말했지.
"나는 상관없다. 네가 너무 작아서 거기 있으나 마나니까."

고사성어 … ㄱ

15 괄목상대 刮目相對

괄목상대 : 눈을 비비고 상대를 본다.
깜짝 놀랄 만큼 향상되었다.

'괄목'이 무슨 뜻이에요?

'괄刮'은 '비비다', '목目'은 '눈'이라는 뜻이야. '눈을 비비고 다시 바라본다.'라는 말이지. 몰라보게 변한 모습을 보고 놀란 눈으로 바라볼 때 하는 말이야.

'상대'는 무슨 뜻인가요?

'상相'은 '서로', '대對'는 '대하다'라는 뜻이야. '서로 마주 대한다.'라는 말이지. 또는 '마주 대하고 있는 사람'을 말해.

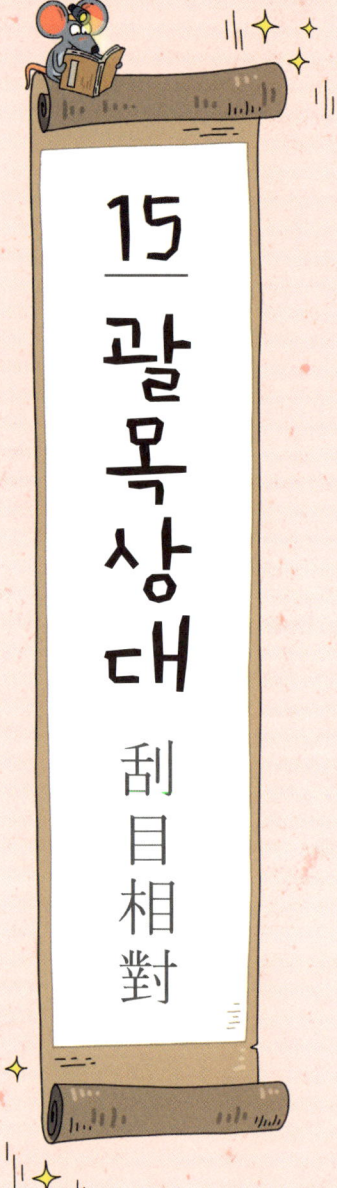

#내 눈을 의심할 만큼 변했어 #괄목상대

사흘 만에 달라지는 게 선비일세

중국 오나라에 아주 무식한 여몽이라는 사람이 있었어. 그는 용감무쌍해서 전쟁에 나가 큰 공을 세워 손권의 신임을 받게 되었어. 그러나 손권은 여몽의 무식함을 걱정해서 공부를 하라고 충고했지.

얼마 뒤 손권의 부하 중 학식이 뛰어난 노숙이 여몽을 만났어. 오랜 친구여서 여몽을 잘 알고 있던 노숙은 얘기를 나누다가 깜짝 놀랐어. 여몽이 무식하다고 생각했는데 아는 것이 너무 많았던 거야. 노숙은 언제 그렇게 공부를 열심히 했느냐고 물었지. 그러자 여몽이 말했어.

"선비는 헤어진 지 사흘만 지나면 눈을 비비고 다시 바라봐야 할 정도로 달라져 있어야 한다네."

이 이야기에서 '괄목상대'라는 말이 생긴 거야.

고사성어 … ㄱ

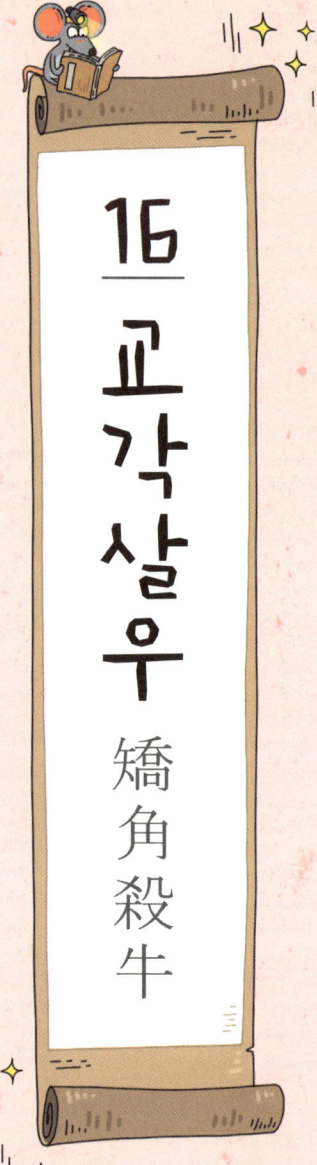

16 교각살우
矯角殺牛

교각살우 : 쇠뿔을 바로잡으려다 소를 죽인다.
작은 일에 힘쓰다가 큰일을 망친다.

'교각'이 무슨 뜻이에요?

'교矯'는 '바로잡다', '각角'은 '뿔'이라는 뜻이야. '뿔을 바로잡는다.'라는 말이지. 모양이 흉하거나 구부러져 있는 뿔을 고친다는 의미야.

'살우'는 무슨 뜻인가요?

'살殺'은 '죽이다', '우牛'는 '소'라는 뜻이야. '소를 죽인다.'라는 말이지.

#제발 쇠뿔은 그냥 둬 #교각살우

뿔을 바로잡아 제물로 바쳐야지

중국에서 전해지는 이야기야. 옛날에는 종을 만들고 나면 뿔이 똑바르고 보기 좋게 생긴 소를 잡아 피를 종에 바르고 제사를 지내는 풍습이 있었대.

그 제사 때 소를 바치기로 한 농부가 있었어. 그는 소의 뿔이 비뚤어진 것이 걱정이었어. 그래서 고민 끝에 뿔을 바로잡아야겠다고 생각했지. 농부는 곧은 나무를 뿔에 대고 밧줄로 묶기 시작했어. 하지만 굽은 뿔이 바로잡힐 리가 없잖아. 농부는 더 꽉 힘을 주어 밧줄을 묶었어. 그 순간 뿔이 뽑히면서 소가 죽어 버렸어. 굽은 뿔을 바로잡으려다 소를 죽인 거지.

고사성어 … ㄱ

17 구상유취 口尙乳臭

구상유취 : 입에서 젖내가 난다.

말과 행동이 너무 어리다.

'구상'이 무슨 뜻이에요?

'구口'는 '입', '상尙'은 '아직'이라는 뜻이야. '입에서 아직'이라는 말이지.

'유취'는 무슨 뜻인가요?

'유乳'는 '젖', '취臭'는 '냄새'라는 뜻이야. '젖 냄새'라는 말이지. 젖을 먹는 어린 아기에게서 맡을 수 있는 냄새니까, 아기 냄새라고 할 수 있어. '젖비린내'에는 '어리다, 유치하다'라는 뜻이 숨어 있단다.

#그런 유치한 생각을 하다니 #구상유취

젖내 나는 장수일 뿐

중국 시황제가 세운 진나라가 망하자 주변의 작은 나라들이 서로 세력을 넓히기 위해 다투었어. 한나라 고조 유방은 한신을 대장군으로 삼아 위나라를 공격하려고 했지. 유방은 위나라에 대해 잘 아는 역이기를 불러 위나라 대장이 누구냐고 물었어. 역이기는 이렇게 대답했어.

"백직이란 자인데, 별로 대단한 장수가 아닙니다."
그러자 유방은 가소롭다는 듯이 껄껄 웃으며 말했지.
"입에서 젖내 나는 자가 어찌 우리 한신을 당해 낼 수 있겠는가."
유방의 말에서 구상유취가 유래되었어.

고사성어 … ㄱ

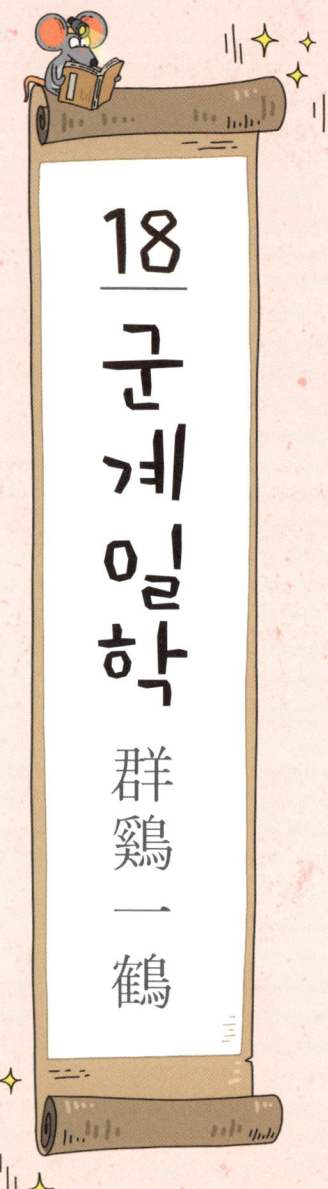

18 군계일학
群鷄一鶴

군계일학 : 많은 닭 가운데 한 마리 학.
여럿 중 가장 뛰어나다.

'군계'가 무슨 뜻이에요?

'군群'은 '떼, 모임, 무리, 집단', '계鷄'는 '닭'이라는 뜻이야. '닭의 무리'라는 말이지.

'일학'은 무슨 뜻인가요?

'일一'은 '하나', '학鶴'은 '학'이라는 뜻이야. '한 마리 학'이라는 말이지. 학은 두루미를 말하는데, 옛날부터 두루미는 품위 있고 귀족적인 새라고 생각해 왔어. 그러니 가축으로 기르는 닭과는 격이 다르지. 학이 매우 뛰어남을 강조하기 위해 닭과 비교하는 거야.

#그중에서 네가 제일 낫더라 #군계일학

46

닭 무리 속에 학 한 마리가 내려앉은 듯

중국 위나라 때 혜강이라는 훌륭한 선비가 있었어. 그의 아들 혜소도 아버지를 닮아 매우 똑똑했지. 혜강이 억울하게 죄를 뒤집어쓰고 죽게 되자, 혜소는 어머니를 모시고 살았어. 그러던 중 아버지의 친구인 산도의 추천으로 벼슬자리에 올라 낙양으로 갔지. 사람들은 새로 벼슬자리에 오른 혜소에게 관심이 많았어. 그들 중 한 사람이 말했어.

"어제 많은 사람 사이에서 혜소를 처음 보았는데 자세가 의젓하고 잘생겨서, 마치 닭의 무리 속에 학 한 마리가 내려앉은 것 같더군."

『진서』의 「혜소 전」에 나오는 말인데, 여기에서 '군계일학'이라는 말이 처음 쓰였어.

고사성어 … ㄱ

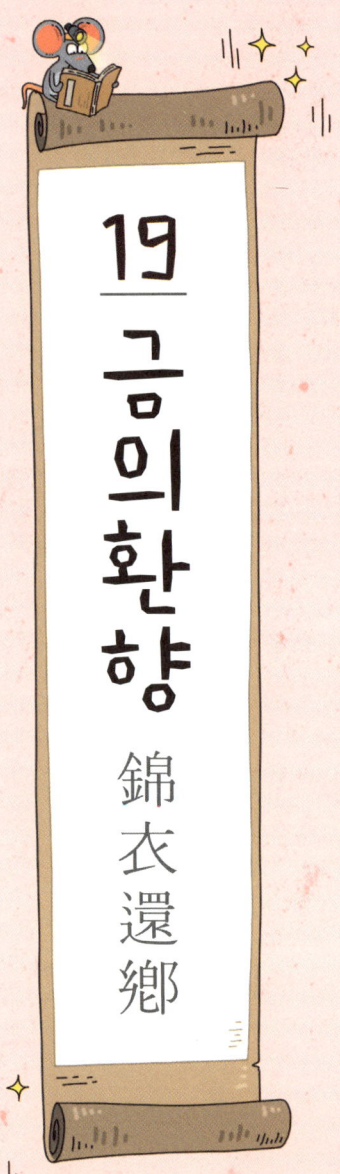

19 금의환향 錦衣還鄕

금의환향 : 비단옷을 입고 고향으로 돌아온다. 크게 성공하여 돌아온다.

'금의'가 무슨 뜻이에요?

'금錦'은 '비단', '의衣'는 '옷'이라는 뜻이야. '비단옷'을 말하지. 비단옷은 벼슬이 높거나 돈이 많은 사람이 입을 수 있었어. 그래서 아주 잘되거나 출세한 사람을 비유해서 쓰는 말이야.

'환향'은 무슨 뜻인가요?

'환還'은 '돌아오다', '향鄕'은 '고향'이라는 뜻이야. '고향으로 돌아온다.'라는 말이지. 비슷한말로 귀향, 귀성이 있는데, 일반적으로 귀향이 많이 쓰여.

#큰 부자가 되어 돌아왔대 #금의환향

고향으로 돌아갈 거야

중국 진나라를 멸망시킨 항우는 함양을 차지한 뒤에 아방궁을 불태우고 보물을 약탈했어. 그러고는 고향인 팽성으로 도읍을 옮기려 했지. 신하들은 시골 같은 팽성으로 가는 데 반대했어. 특히 한생이 적극적으로 반대하자, 항우는 버럭 화를 내며 말했어.

"지금 거리에서는 '부귀하여 고향에 돌아가지 못하면 비단옷을 입고 밤길을 걷는 것과 무엇이 다르랴!' 하는 노래가 떠돌고 있더군. 그건 나를 두고 하는 말이야."

하지만 이 노래는 항우를 물리치고 함양을 빼앗기 위해 유방이 퍼뜨린 계략이었어. 함양이 천하제일의 요새였기 때문이지.

항우는 계속해서 말리는 한생을 기름 가마에 삶아 죽이고, 팽성으로 도읍을 옮겼어. 금의환향을 한 거지. 하지만 함양을 얻게 된 유방이 항우를 무찌르고 천하를 차지하고 말았단다.

고사성어 … ㄱ

20 기고만장 氣高萬丈

기고만장 : 우쭐해서 기세가 대단하다.
펄펄 뛸 만큼 성이 나다.

'기고'가 무슨 뜻이에요?

'기氣'는 '기운', '고高'는 '높다'라는 뜻이야. '기운이 넘친다.'라는 말이지. 원래는 하늘이 맑게 개어서 더 높게 보인다는 말로 쓰였는데, 사람의 기세가 높고 대단하다는 뜻으로 더 많이 쓰이고 있어.

'만장'은 무슨 뜻인가요?

'만萬'은 '1만', '장丈'은 길이의 단위야. 1장은 어른 키 정도의 길이야. '만'은 대단히 크거나 넓다는 뜻도 있어. 그래서 한없이 긴 세월을 만겁, 대단히 넓은 땅을 만경, 여러 가지 느낌을 만감이라고 해.

#잘났다고 얼마나 큰소리치는지 #기고만장

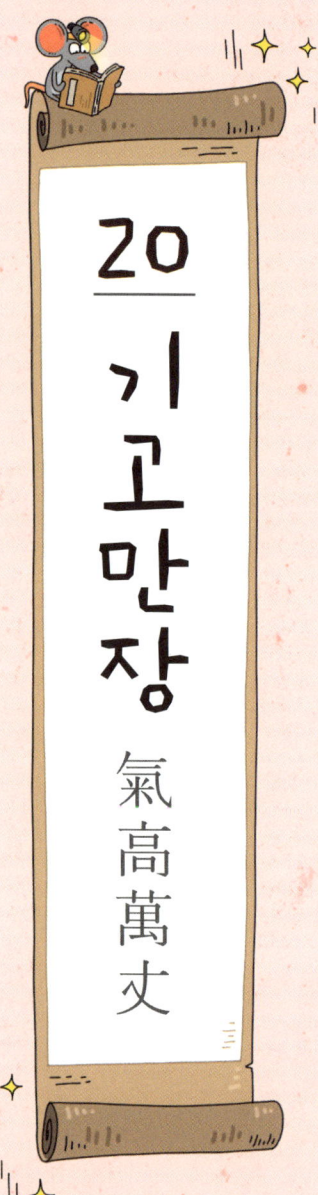

내가 미륵불이라니까

신라의 왕자로 태어난 궁예는 살려 두면 안 될 운명이라는 말에 버려져 유모가 숨어서 키웠어. 자라서 스님이 된 궁예는 힘이 약해진 신라에 대항하는 농민군이 되었어. 우두머리 양길의 신임을 얻고 신라군과 싸워 한강 북쪽 30여 성을 차지했지. 이후에 궁예는 송악으로 가서 왕륭과 왕건 부자의 도움으로 양길의 농민군까지 물리쳤고, 멸망한 고구려의 백성들을 모아 후고구려를 세웠어. 기고만장해진 궁예는 호화로운 궁궐을 짓고, 스스로 미륵불이라 칭하며 금색 모자와 승려복을 입고 다녔어. 외출할 때는 비단으로 꾸민 백마를 타고, 꽃을 든 아이들을 앞세우고 승려 200명을 뒤따르게 했지. 사치와 낭비로 수탈이 심해지자 백성들이 들고일어났고, 나라는 망하고 말았단다.

고사성어 … ㄱ

21 기인지우 杞人之憂

기인지우 : 기나라 사람의 쓸데없는 걱정. 하늘이 무너질까 봐 걱정한다.

'기인'이 무슨 뜻이에요?

'기杞'는 '나라 이름 기', '인人'은 '사람'이라는 뜻이야. '기나라 사람'이라는 말이지. 사람 이름이나 나라에 관해 자세히 밝혀진 게 없는 것으로 봐서 책을 쓴 열자가 상상으로 지어낸 것인 듯해.

'지우'는 무슨 뜻인가요?

'지之'는 어조사 '~의'이고, '우憂'는 '근심'이라는 뜻이야. '~의 근심'이라는 말이지. 기인과 붙여서 '기나라 사람의 근심'이라는 뜻이야.

#하늘이 무너질까 걱정이래 #걱정도 팔자 #기인지우

하늘이 무너질까 걱정이야

기나라에 살았던 한 남자 이야기야. 그는 하늘이 무너지면 어쩌나 하는 걱정으로 잠을 이루지 못했어. 걱정이 커지고 커져서 결국 밥도 먹지 못하고 자리에 누웠지. 소식을 듣고 한 친구가 찾아왔어.
"하늘은 공기로만 채워진 곳이야. 우리는 공기 속에 있어서 무너질 하늘이 없다네. 쓸데없는 걱정이야."
"하늘이 공기로만 채워졌다면 해와 달과 별은 떨어질 것 아닌가?"
"그것들도 공기 속에 떠 있어서 떨어져도 자네가 맞지는 않아."
"땅이 꺼질까도 걱정되네."
"땅은 흙이 사방으로 꽉 차 있어 꺼질 곳이 없네. 걱정하지 말게."
그제야 남자는 걱정을 떨쳐 버리고 자리에서 일어났어. 중국의 철학서 『열자』에 나오는 이야기야.

고사성어 … ㄴ

22 낙락장송
落落長松

낙락장송 : 긴 가지가 늘어진 큰 소나무.
기상이 꿋꿋하고 의지가 굳세다.

'낙락'이 무슨 뜻이에요?

'낙落'은 '떨어진다'는 뜻이야. '낙'을 반복해서 사용했으니 떨어지고 떨어진다는 것인데, 여기서는 축축 늘어졌다는 의미야. 장송이란 말과 붙어 있으니, 나뭇가지가 힘차고 당당하게 뻗은 모습을 말하는 것이지.

'장송'은 무슨 뜻인가요?

'장長'은 '길다', '송松'은 '소나무'라는 뜻이야. '크고 우람한 소나무'를 말하지.

#솔방울의 큰 꿈 #낙락장송

온 세상이 눈에 덮여도 혼자 푸를 것이오

이 몸이 죽어 가서 무엇이 될꼬 하니
봉래산 제일봉에 낙락장송 되었다가
백설이 만건곤할 제 독야청청하리라.

성삼문이 지은 시조야. 봉래산은 금강산이고, 제일봉은 제일 높은 봉우리를 말해. 낙락장송은 가지를 당당하게 뻗고 있는 큰 소나무를 말하는데, 성삼문 자신을 비유한 것이지. 겨울에 온 세상이 눈에 덮여 풀과 나무가 마르더라도 자신만은 제일 높은 봉우리에서 변함없이 푸르겠다고 말한 거야. 수양대군이 어린 조카 단종을 쫓아내고 임금이 되자 이를 반대하다가 죽음을 맞은 충신 성삼문의 지조와 절개가 담긴 글이지.

고사성어 … ㄴ

23 난형난제

難兄難弟

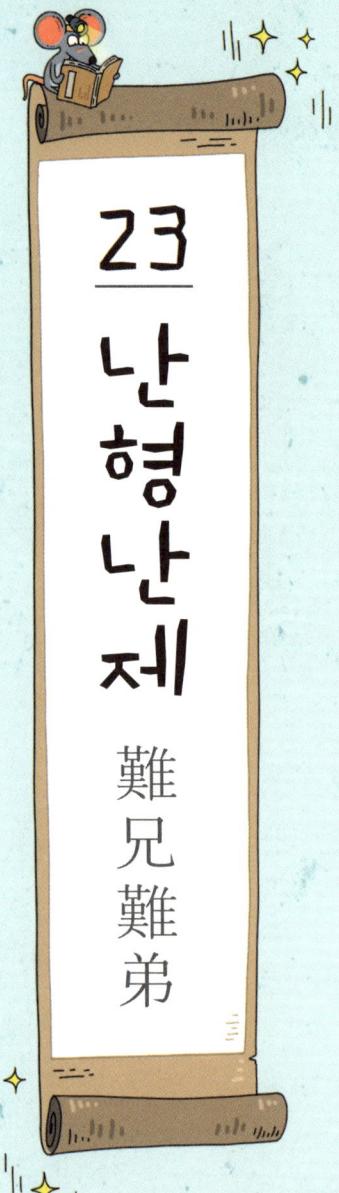

난형난제 : 누가 형이고 누가 동생이라고 하기 어렵다. 우열을 가리기가 힘들다.

'난형'이 무슨 뜻이에요?

'난難'은 '어렵다', '형兄'은 '형'이라는 뜻이야. '어려운 형'이라는 말인데, '형 노릇을 하기 힘들다.'라는 뜻으로 봐야 해.

'난제'는 무슨 뜻인가요?

'난難'은 '어렵다', '제弟'는 '아우'라는 뜻이야. '어려운 동생'이라는 말인데, '동생 노릇 하기가 힘들다.'라는 뜻으로 봐야 해.

#누가 형이고 누가 동생이야? #난형난제

형도 동생도 다 훌륭하단다

중국 후한 때 진식이란 사람에게 진기와 진심이라는 두 아들이 있었어. 두 아들 다 남달리 똑똑해서 사람들이 부러워했지. 그 두 아들은 또 진군과 진충이라는 아들을 하나씩 두었어. 하루는 진기의 아들과 진심의 아들이 서로 자기 아버지가 더 훌륭하다고 자랑하는 거야. 두 손자 모두 말을 잘해서 결론이 나지 않았어. 두 손자가 할아버지에게 묻자 진식은 웃으면서 이렇게 말했지.

"원방도 형이 되기 어렵고, 계방도 동생이 되기 어렵구나."

원방은 남자 형을 뜻하고, 계방은 남자 동생을 뜻해. 형도 훌륭한 동생의 형 노릇 하기가 어렵고, 동생도 훌륭한 형의 동생 노릇 하기가 힘들다는 이야기야. 결국, 누가 더 훌륭하고 누가 더 못난지를 가릴 수 없다는 말이지. 여기에서 난형난제라는 말이 생겼어.

고사성어 … ㄴ

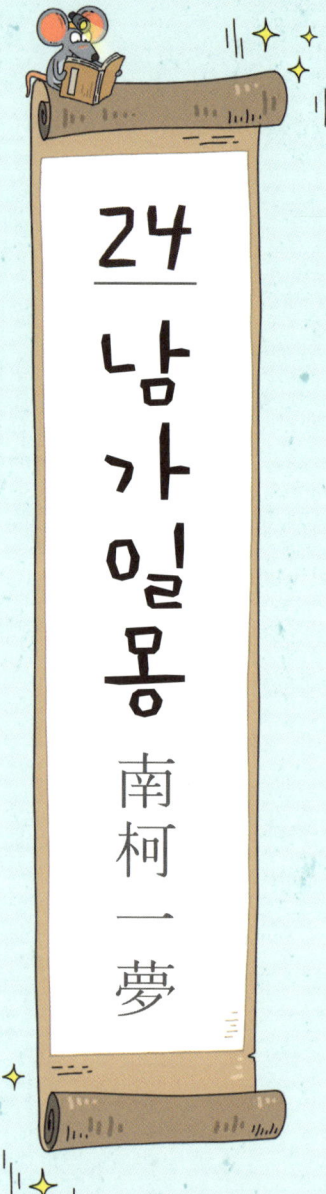

24 남가일몽 南柯一夢

남가일몽 : 남쪽 나뭇가지에 걸린 꿈.
헛된 꿈, 인생의 덧없음을 가리킨다.

'남가'가 무슨 뜻이에요?

'남南'은 '남쪽', '가柯'는 '가지'라는 뜻이야. '남쪽으로 뻗은 나뭇가지'를 말하지. 여러 가지들 가운데 남쪽을 향하여 뻗은 나뭇가지를 뜻해.

'일몽'은 무슨 뜻인가요?

'일一'은 '하나', '몽夢'은 '꿈'이라는 뜻이야. '한 번 꿈을 꾸었다.'라는 말이지.

#모두 헛된 꿈 #남가일몽

58

호화롭게 살다 온 것이 꿈이라고?

중국 당나라 때 순우분이라는 사람이 살았어. 그는 집 근처에 있는 느티나무 아래서 친구들과 술 마시기를 좋아했지. 하루는 술에 취해 잠이 들었는데, 자줏빛 옷을 입은 두 사람이 나타났어. 순우분은 수레를 타고 그들을 따라 느티나무 아래 구멍으로 들어갔지. 그곳에서 공주와 결혼해서 태수가 되었고, 백성들의 존경을 받으며 20년을 살았어.

순우분은 가는 곳마다 사람들의 환영을 받으며 호화롭게 살다가 고향으로 돌아왔지. 그런데 그곳에 함께 술을 마시던 두 친구가 있는 거야. 이상해서 느티나무 아래 구멍을 살펴보니 개미집이 있었어. 20년 동안의 삶이 꿈, '남가일몽'이었던 거야.

고사성어 … ㄴ

25 낭중지추
囊中之錐

낭중지추 : 주머니 속 송곳.
재주 있는 사람은 저절로 드러난다.

'낭중'이 무슨 뜻이에요?

'낭囊'은 '주머니', '중中'은 '가운데'라는 뜻으로, '주머니 속'이라는 말이야. 주머니 속에 들어 있는 물건은 겉으로 드러나지 않으니, 무엇이 들어 있는지 알 수가 없지.

'지추'는 무슨 뜻인가요?

'지之'는 어조사 '~의', '추錐'는 '송곳'이라는 뜻이야. '~의 송곳'이라는 말이지. 결국 '낭중지추'는 주머니 속의 송곳을 의미해.

#너무 뛰어난 재능 #감춰지지 않지 #낭중지추

주머니 속에 넣어 주면 뾰족한 끝을 보여 줄게

조나라 왕은 진나라의 공격을 받자 초나라에 도움을 청하기로 했어. 조나라의 평원군이 인재 스무 명을 뽑아 초나라로 가기로 했지. 그런데 열아홉 명을 뽑고 나니 더 뽑을 사람이 없는 거야. 그때 모수가 나서서 자신을 뽑아 달라고 청했어.

"자네는 내 밑에 있은 지 얼마나 되었는가?"

"3년입니다."

"송곳은 주머니 속에서도 그 끝을 드러내는데, 3년이 지나도록 내가 모르다니 재주가 없는 것 아닌가?"

"저는 지금 주머니 속에 넣어 주기를 청하는 것입니다. 일찍이 주머니 속에 넣었다면 이미 뚫고 나왔을 겁니다."

평원군과 함께 간 모수는 크게 활약해 초나라 왕에게 지원군을 받아 냈어.

26 노마지지 老馬之智

노마지지 : 연륜이 있으면 나름의 장점과 특기가 있다. 저마다 한 가지 재주는 지니고 있다.

'노老'는 '늙다', '마馬'는 '말'이라는 뜻이야. '늙은 말'을 말하지. 늙는다는 것은 삶의 경험이 쌓여 '생각이 깊어지고 지혜로워진다.'는 뜻이기도 해.

'지지'는 무슨 뜻인가요?

'지之'는 어조사 '~의', '지智'는 '지혜'라는 뜻이야. '~의 지혜'라는 말이지. 지혜는 슬기라고도 하는데, 세상일의 이치나 상황을 정확히 깨닫고 현명하게 대처하는 능력을 의미해.

#할아버지한테 물어볼래 #노마지지

늙은 말의 지혜

춘추 시대 제나라 환공이 재상 관중과 대부 습붕을 데리고 고죽국을 쳐들어갔어. 쉽게 이길 거라고 생각했는데 상대가 만만치 않아 전쟁이 길어졌지. 봄에 시작된 전쟁은 가을이 가도 끝나지 않았어. 날씨는 추워지는데 제나라 병사들은 얇은 옷을 입고 있었고, 먹을 것도 구하기 어려워졌어. 결국 환공은 돌아가기로 결정했지. 그런데 추위와 눈보라에 길을 잃고 말았단다. 그때 관중이 두려움에 사로잡힌 병사들에게 말했어.
"두려워하지 말고 늙은 말의 지혜를 빌리자."
관중이 고삐를 풀어 주자 늙은 말은 뚜벅뚜벅 걸어가기 시작했어. 병사들도 늙은 말을 따라 행군했지. 마침내 병사들은 길을 찾아 돌아올 수 있었어.

고사성어 … ㄴ

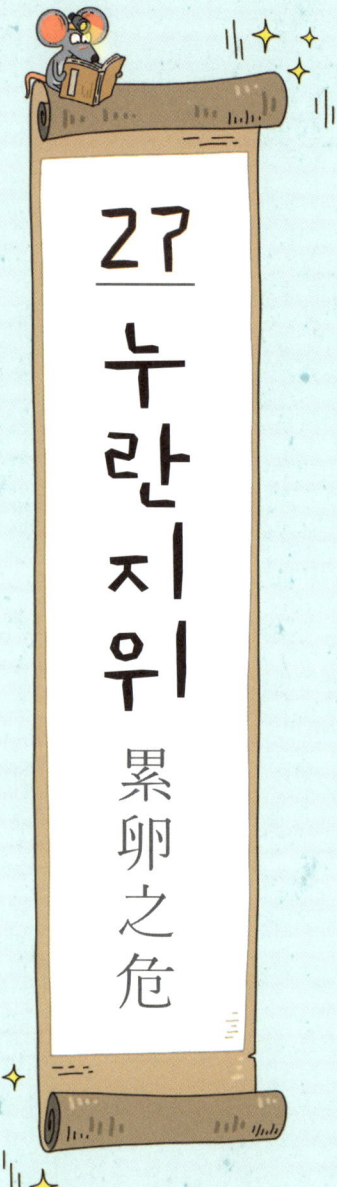

27 누란지위 累卵之危

누란지위 : 쌓아 놓은 계란처럼 위태롭다. 매우 위급한 형편이다.

'누란'이 무슨 뜻이에요?

'누累'는 '포개다', '란卵'은 '알'이라는 뜻이야. '알을 포개 쌓는다.'라는 말이지. 알을 포개 쌓으면 우르르 무너질 게 뻔하잖아. 그만큼 위험한 일을 가리키는 거야.

'지위'는 무슨 뜻인가요?

'지之'는 어조사 '~의', '위危'는 '위태롭다'라는 뜻이야. 결국 '누란지위'는 알을 포개 쌓아놓은 것처럼 아슬아슬한 위기 상황을 의미해.

#경기 종료 3분 전인데 3:0 #누란지위

위기에서 벗어나 재주를 펼치다

전국 시대 위나라 수고가 제나라 양왕을 만나러 갈 때, 부하 범저를 데리고 갔어. 범저를 좋게 본 양왕은 선물을 주었지. 그것을 이상히 여긴 수고는 돌아와서 재상 위제에게 일러바쳤어. 위제는 정보를 팔아넘겼다고 생각해 범저를 심하게 고문한 뒤 멍석에 말아 화장실에 던져 놓았어. 그리고 사람들에게 오줌을 누게 했지. 범저는 오줌을 누러 온 간수에게 자신을 살려 주면 보답하겠다고 했어. 간수는 범저가 죽었다고 거짓을 고하고, 덕분에 범저는 도망을 쳤어. 그리고 이름을 장록으로 바꾸고 왕계를 따라 진나라로 갔어. 왕계는 진나라 왕에게 보고했지.
"장록은 재주가 뛰어난 사람입니다. 진나라는 지금 알을 쌓아 놓은 것처럼 위험하지만 안전하게 만들 방법을 알고 있다고 합니다."
범저의 뛰어난 계략으로 진나라는 위기에서 벗어날 수 있었어.

28 다다익선 多多益善

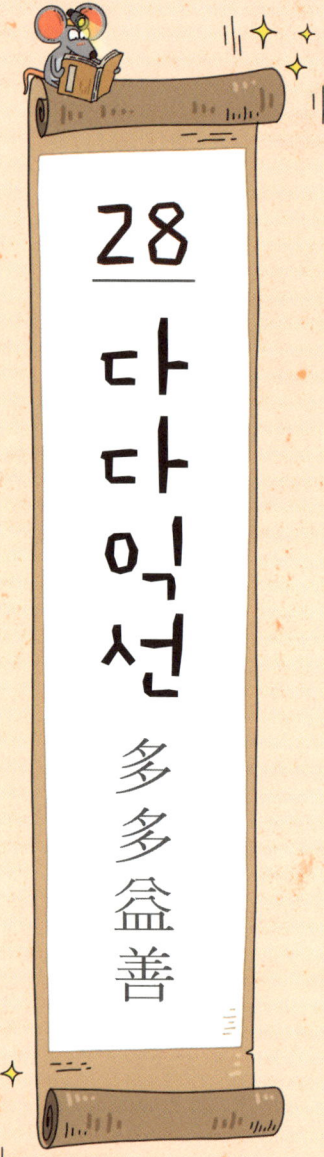

다다익선 : 많을수록 좋다.

더 많이 갖고 싶다.

'다다'가 무슨 뜻이에요?

'다多'는 '많다'라는 뜻이야. 여기서는 반복해서 사용되었기 때문에 '많고 많다, 매우 많다, 많을수록'이라는 뜻이지.

'익선'은 무슨 뜻인가요?

'익益'은 '더하다, 넘치다', '선善'은 '착하다'라는 뜻이야. 그런데 '선'은 '좋다, 많다, 길하다'라는 뜻도 있어. 여기서는 '좋다'라는 뜻이야. 그러니까 '익선'은 '더 좋다.'라는 의미지.

#친구는 많을수록 좋아 #다다익선

폐하는 장수의 장수입니다

한나라 때 유방은 천하를 통일한 뒤 초나라 왕 한신을 잡아 회음후란 곳으로 보냈어. 능력이 뛰어난 한신이 유방의 자리를 노릴 수 있었기 때문이지. 어느 날 유방은 한신을 만나 마음을 떠봤어.

"과인은 얼마나 많은 군대의 장수가 될 수 있겠는가?"

"폐하께서는 10만쯤 거느릴 수 있는 장수입니다."

"그렇다면 그대 한신은 어떠한가?"

"저는 많으면 많을수록 좋습니다. 다다익선이지요."

그러자 유방이 다시 물었지.

"그대는 어찌해서 10만의 장수감일 뿐인 나의 포로가 되었는가?"

"폐하는 병사의 장수가 아니라 장수의 장수이기 때문입니다."

고사성어 ··· ㄷ

당랑거철 : 사마귀가 수레를 막는다.
분수도 모르고 덤벼든다.

29 당랑거철
螳螂拒轍

'당랑'이 무슨 뜻이에요?

'당螳'은 '사마귀', '랑螂'도 '사마귀'라는 뜻이고, '당랑'은 사마귀의 한자 이름이야. 삼각형 얼굴에 낫처럼 구부러지는 앞다리로 다른 곤충을 마구 잡아먹는 곤충이지. 암놈이 수놈을 잡아먹기도 한대.

'거철'은 무슨 뜻인가요?

'거拒'는 '막다', '철轍'은 '바퀴자국, 수레바퀴가 지나간 자국'이라는 뜻이야. 여기서는 '달려오는 수레를 막아선다.'라는 말이지. 결국 '당랑거철'은 철없이 함부로 덤비는 경우를 꼬집는 말로, '달걀로 바위 치기'와 같은 뜻이야.

#하룻강아지 범 무서운 줄 모른다더니 #당랑거철

감히 수레와 맞서는 벌레라니

중국 춘추 시대 제나라 장공이 사냥을 하러 가는데 웬 벌레 한 마리가 수레를 막아섰어. 조그만 놈이 겁도 없이 앞발을 도끼처럼 휘두르고 덤비는 거야. 장공이 하도 어이가 없어 물었어.
"감히 수레와 맞서다니, 저것은 무슨 벌레인가?"
"사마귀입니다. 저놈은 앞으로 나아갈 줄만 알고 물러설 줄은 모릅니다. 제 힘은 생각하지 않고 적을 가볍게 보는 버릇이 있지요."
장공은 껄껄 웃으며 말했어.
"저것이 사람이라면 천하에 용맹한 장수가 되었겠구나."
그러면서 장공은 사마귀를 피해 수레를 돌려서 지나갔어.

고사성어 … ㄷ

30 대기만성 大器晚成

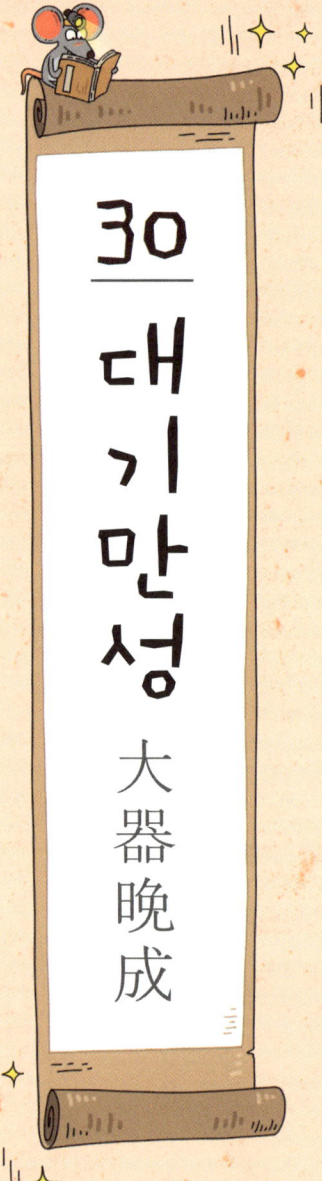

대기만성 : 큰 그릇을 만드는 데는 시간이 오래 걸린다. 큰 사람은 늦게 이루어진다.

'대기'가 무슨 뜻이에요?

'대大'는 '크다', '기器'는 '그릇'이라는 뜻으로, '큰 그릇'이라는 말이야. 여기서 그릇은 밥그릇, 국그릇을 말하는 게 아니야. 사람이 가진 능력이나 마음, 생각의 크기를 비유해서 이르는 말이야.

'만성'은 무슨 뜻인가요?

'만晚'은 '늦다', '성成'은 '이루다'라는 뜻으로, '늦게 이루어진다.'라는 말이야. 큰 그릇을 만들려면 재료도 시간도 많이 필요하잖아. 그래서 큰 그릇은 늦게 이루어진다는 거야.

#큰 사람은 늦게 이루어진대 #날 두고 하는 말 #대기만성

큰 인물이 되려면 시간이 필요해

중국 삼국 시대 위나라에 최염이라는 장수가 있었어. 최염은 수염이 아주 길고, 목소리는 부드럽고, 위엄이 넘쳤어. 최염에게는 최림이라는 사촌 동생이 있었는데 친척들이 바보 취급을 했어.
"아이고, 지지리 못나 가지고. 무엇이 되려고 저 모양이야."
그러자 최림은 정말 못난 바보 같아졌어. 그러나 최염은 최림이 속이 깊고 말과 행동이 듬직해서 큰 인물이 될 거라고 믿었어. 친척들이 흉을 볼 때마다 "아우는 대기만성이야."라며 감쌌지. 나중에 최림은 왕의 자문이 되었어. 정말로 큰 그릇이 되기 위해 그만큼 시간이 필요했던 거야.

고사성어 … ㄷ

31 대동소이 大同小異

대동소이 : 크게 보면 거의 같고 작게 봐야 다르다. 별로 차이가 안 난다.

'대동'이 무슨 뜻이에요?

'대大'는 '크다', '동同'은 '같다'라는 뜻으로, '크게 보면 같다.'라는 말이야. 크게 보면 세상은 한마을이고, 인간은 모두 한 가족이지.

'소이'는 무슨 뜻인가요?

'소小'는 '작다', '이異'는 '다르다'라는 뜻으로, '작게 보면 다르다.'라는 말이야. 숲이라고 하면 그 속의 풀과 나무가 하나가 되지만 작게 나누어 보면 나무와 풀이 다르고, 더 작게 보면 나무나 풀도 여러 종류로 다시 나누어져 다르다는 거야.

#시험 점수는 너랑 나랑 비슷해 #대동소이

동포끼리는 정이 가는 법

독일 여행을 떠나 베를린 공항에 도착했을 때였어. 한 여인이 다가와 어디에서 왔느냐고 물었지. 한국에서 왔다니까 여인은 "자랑스러운 내 동포!"라고 반가워했어. 외국에서 만난 동포는 정이 가는 법이지. 수십 년 전에 간호사로 독일에 왔다는 여인은 여행 오는 동포들을 찾아 식사를 대접하며 조국을 생각한다는 거야.

식당으로 안내한 여인은 한국의 어디에서 왔느냐고 물었어. 서울이라고 하니까, 자기는 마포에서 태어났다는 거야. 그래서 우리 집도 마포라고 하니 더욱 반가워했지. 우리는 크게 보면 같은 민족이고, 작게는 태어난 곳이나 살고 있는 지역에 따라 나눠지지. 크게 보면 같고 작게 보면 다른 거야. 즉 대동소이지.

고사성어 … ㄷ

32 독불장군 獨不將軍

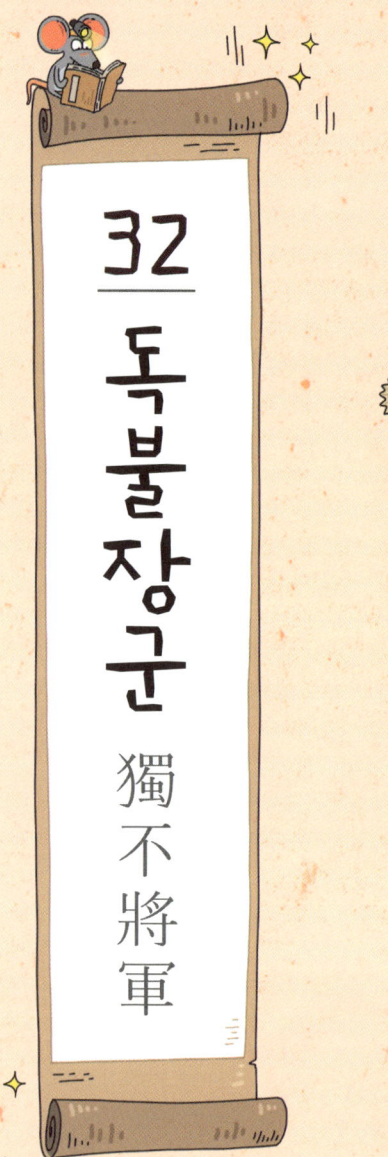

독불장군 : 무슨 일이든 자기 생각대로만 처리하는 사람.

'독불'이 무슨 뜻이에요?

'독獨'은 '혼자, 홀로', '불不'은 '아니다, 없다'라는 뜻이야. '혼자는 되지 않는다.'라는 말이지. '불'은 다른 말과 이어져서 무엇이 되지 않는다거나 어떻게 할 수 없다고 할 때 쓰여.

'장군'은 무슨 뜻인가요?

'장將'은 '장수', '군軍'은 '군사'라는 뜻으로, '군대의 대장'을 말해. 많은 수의 군사를 지휘하는 사람이 장군이니까, '독불장군'은 혼자서는 장군이 될 수 없다는 말이야. 무슨 일이든 혼자서 자기 마음대로 처리하는 사람을 가리켜.

#왜 네 맘대로 결정해? #독불장군

흩어지면 한 개의 화살이 될 것이다

몽골 제국의 칭기즈칸이 원정을 가던 중 중국 서하에서 병에 걸렸어. 싸움은 계속되는데 병은 심해졌지. 칭기즈칸은 아들들을 불렀어. 그리고 갖고 있는 화살을 한데 묶으라고 한 뒤에 꺾어 보라고 했어. 아들들은 힘이 장사였지만 도저히 꺾을 수 없었어.
"자, 이번에는 화살 하나를 꺾어 보아라."
아들들은 힘들이지 않고 뚝뚝 꺾었지.
"너희가 한데 뭉치면 굴함이 없겠지만 흩어지면 한 개의 화살과 같아질 것이다."
칭기즈칸은 이렇게 말하고 조용히 눈을 감았어.

고사성어 … ㄷ

33 동고동락 同苦同樂

동고동락 : 괴로움과 즐거움을 같이한다.
어려움을 함께 겪어 나간다.

'동고'가 무슨 뜻이에요?

'동同'은 '같다', '고苦'는 '괴롭다'라는 뜻이야. '동'은 한 가지, 무리, 모음, 같이함 등의 뜻이 있고, '고'는 쓰다, 괴롭다, 모질다 등의 뜻이 있어. 여기서는 '괴로움을 같이한다.'라는 의미야.

'동락'은 무슨 뜻인가요?

'동同'은 '같다', '락樂'은 '즐겁다'라는 뜻이야. '좋은 일, 기쁜 일, 즐거운 일을 같이한다.'라는 말이지. '동락'이란 말과 합쳐서 '괴로움도 즐거움도 같이한다.'라는 의미야.

#함께 온갖 일을 헤쳐 왔어 #동고동락

곰이 뭐래?

평생을 함께하자고 다짐한 두 친구가 있었어. 하루는 둘이서 산길을 가다가 곰을 만났어.

"앗, 곰이다. 빨리 달아나자."

한 친구는 재빨리 나무 위로 올라갔지만 다른 친구는 피할 겨를이 없었어. 그래서 엎드려 죽은 척했지. 죽은 것은 먹지 않는 곰은 엎드린 친구에게로 다가와 킁킁 냄새를 맡았어. 그러고는 어슬렁어슬렁 가 버렸어. 나무에서 내려온 친구가 물었어.

"많이 걱정했어. 그런데 곰이 뭐라고 속삭였어?"

"위험할 때 혼자만 살겠다며 도망치는 사람이 어떻게 동고동락할 친구냐고 하더라."

34 동문서답 東問西答

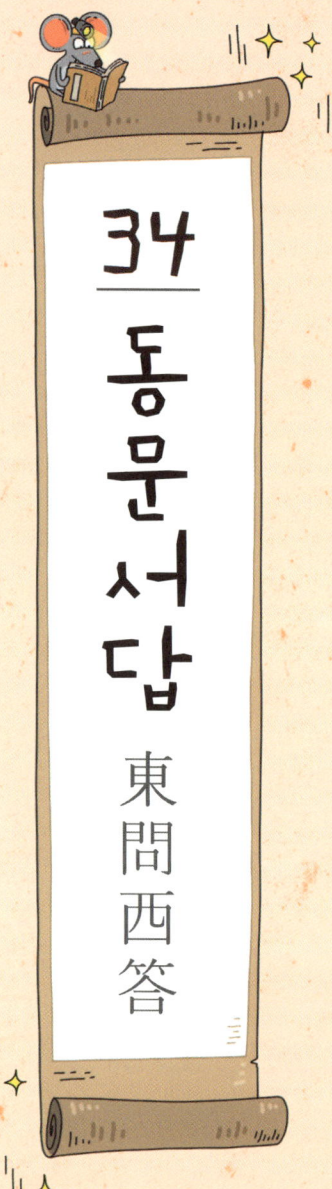

동문서답 : 동쪽을 묻는데 서쪽을 말한다. 엉뚱한 대답만 한다.

'동문'이 무슨 뜻이에요?

'동東'은 '동녘, 동쪽', '문問'은 '묻다'라는 뜻이야. '동쪽을 묻는다.'라는 말이지.

'서답'은 무슨 뜻인가요?

'서西'는 '서쪽', '답答'은 '대답하다'라는 뜻으로, 동문과 상대적인 말이야. 동문서답은 '동쪽을 묻는데 서쪽을 대답한다.', '이것을 묻는데 저것을 대답한다.', '산을 묻는데 강을 말한다.'와 같이 질문과 다른 엉뚱한 대답을 한다는 의미지.

#자꾸 엉뚱한 대답만 해 #동문서답

난 소고기를 좋아하는데

안동 사람들에 대해 우스개로 하는 이야기가 있어. 안동에서만 살아온 장손이 큰 잔치를 열었어. 친척들이 모두 모이니 집이 비좁지 뭐야. 특히 서울에서 온 조카가 신경 쓰였지. 그래서 잘 때는 동생네 집으로 보내야겠다고 생각해서 조카를 불렀어.

"여기는 잘 때 소잡으니, 조카는 동생네 집으로 가게. 거기는 개잡네."

조카가 고개를 갸웃거리며 말했어.

"저는 소고기는 좋아하지만, 개고기는 못 먹는데요."

조카는 비좁은 것을 '소잡다'라고 하고, 거리가 가까운 것을 '개잡다'라고 하는 안동 사투리를 몰랐던 거야. 그래서 엉뚱한 대답, 즉 '동문서답'을 한 거지.

고사성어 … ㄷ

35 동병상련 同病相憐

동병상련 : 같은 병에는 연민의 정이 간다.
처지가 같으면 서로 동정한다.

'동병'이 무슨 뜻이에요?

'동同'은 '같다', '병病'은 '병, 근심'이라는 뜻이야. '같은 병'이라는 말이지. 똑같이 감기를 앓고 있다면 그것이 동병인 거야. 같은 병을 앓으면 서로를 이해하고 동정한다는 의미야.

'상련'은 무슨 뜻인가요?

'상相'은 '서로', '련憐'은 '불쌍히 여기다, 이웃'이라는 뜻이야. '서로 불쌍하게 여긴다.'라는 말이지. 배가 고파 봐야 배고픈 사람의 처지를 알고, 추위에 떨어 봐야 헐벗은 사람의 괴로움을 이해하게 되지. 이것이 '동병상련'이야.

#가재는 게 편 #동병상련

똑같은 원한을 가지고 있는 사이

중국 초나라의 오자서란 사람은 아버지와 형이 누명을 쓰고 죽자 오나라로 달아났어. 오자서는 오나라의 왕을 도와 큰 공을 세웠지. 그때 초나라의 백비가 찾아와서 도와달라고 하는 거야. 백비를 처음 만났지만, 오자서는 자신을 믿는 오나라의 왕에게 그를 대부라는 벼슬자리에 앉히라고 했어. 그러자 피리라는 사람이 오자서에게 물었어.
"백비를 처음 만났는데 어찌 믿고 벼슬을 주라 합니까?"
"백비는 나와 똑같은 원한을 품고 왔기 때문이오."
백비도 오자서처럼 아버지를 잃고 오나라로 도망쳐 왔던 거야.

고사성어

36 마이동풍 馬耳東風

마이동풍 : 말의 귀에 스쳐 가는 동쪽 바람.
남의 말을 귀담아듣지 않고 흘려버린다.

'마이'가 무슨 뜻이에요?

'마馬'는 '말', '이耳'는 '귀'라는 뜻이야. 말이나 소가 사람의 말을 어떻게 알아듣겠어. 남의 말에 전혀 관심이 없을 때, '말이나 소의 귀에 말하는 것과 같다.'라는 뜻으로 쓰는 말이야. '소귀에 경 읽기'도 같은 경우지.

'동풍'은 무슨 뜻인가요?

'동東'은 '동쪽'이고, '풍風'은 '바람'이라는 뜻이야. 계절에 따라 부는 바람을 봄에는 동풍, 여름에는 남풍, 가을에는 서풍, 겨울에는 북풍이라고 해.

#열 번을 말해도 소용없어 #마이동풍

말의 귀에 바람이 스치는 정도로 생각해

중국 당나라에서는 왕후나 귀족 사이에 투계(닭싸움)가 유행했어. 투계를 잘하면 임금의 사랑을 받았지. 또 오랑캐를 막아 공을 세운 무관들이 높은 자리를 다 차지해서 문관들은 밀려나야 했어. 결국 왕거일이나 이백 같은 훌륭한 문인들을 아무도 인정해 주지 않았지.

문인들은 자신의 글이 천하 걸작이어도 누구 하나 알아주지 않음을 한탄했어. 지금 세상에서는 시인들의 작품이 아무리 빼어나도 한 그릇의 물만 한 가치도 없고, 사람들은 그것을 들어도 '동풍이 말의 귀를 스치는 정도로밖에 생각하지 않는다.'라고 했지.

이백은 무슨 말을 해도 전혀 관심이 없거나 말뜻을 제대로 알아듣지 못하는 어리석은 사람을 두고 '마이동풍'이라고 했어.

고사성어 …

37 막역지우 莫逆之友

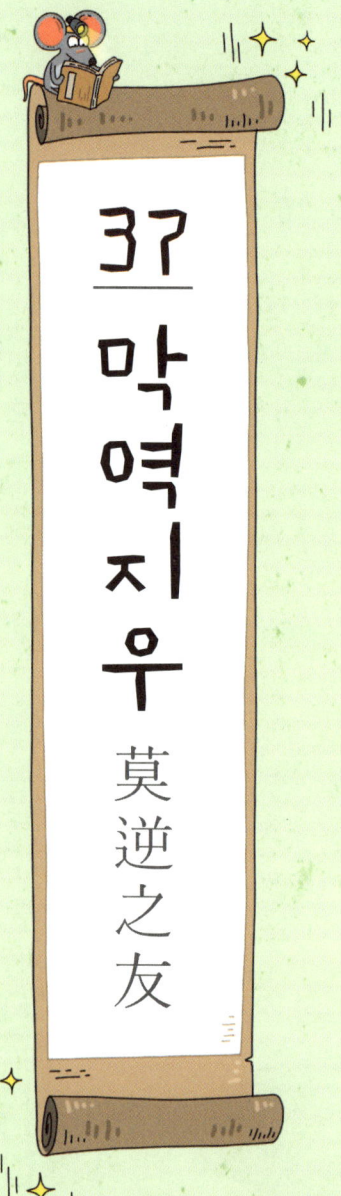

막역지우 : 마음이 서로 거스르는 일이 없는 친구. 아무 허물없이 매우 친한 친구.

'막역'이 무슨 뜻이에요?

'막莫'은 '없다', '역逆'은 '거스르다'라는 뜻이야. '거슬림이 없다.'라는 말이지. 아주 가까운 사이, 서로 허물없이 지내는 관계를 말하는 거야.

'지우'는 무슨 뜻인가요?

'지之'는 어조사 '~의'이고, '우友'는 '벗'이라는 뜻이야. '~의 친구'라는 말이지. 결국 '막역지우'는 서로 허물없이 지내는 매우 친한 친구를 의미해.

#네가 없는 난 앙꼬 없는 찐빵 #막역지우

마음에 거슬림이 없는 벗

자사, 자여, 자리, 자래 네 사람이 만나 이야기를 나누고 있었어.
"누가 능히 없음으로 머리를 삼고, 삶으로서 몸을 삼고, 죽음으로서 궁둥이를 삼겠는가. 누가 죽고 살고 있고 없는 것이 하나라는 것을 알겠는가. 내가 그와 더불어 친구가 되리라."
네 사람은 이렇게 말하고 서로 얼굴을 쳐다보며 웃었어. 그들은 마음에 거슬림이 없는지라 정다운 친구가 되었지. 이것은 『장자』에 나오는 이야기야.

고사성어 …

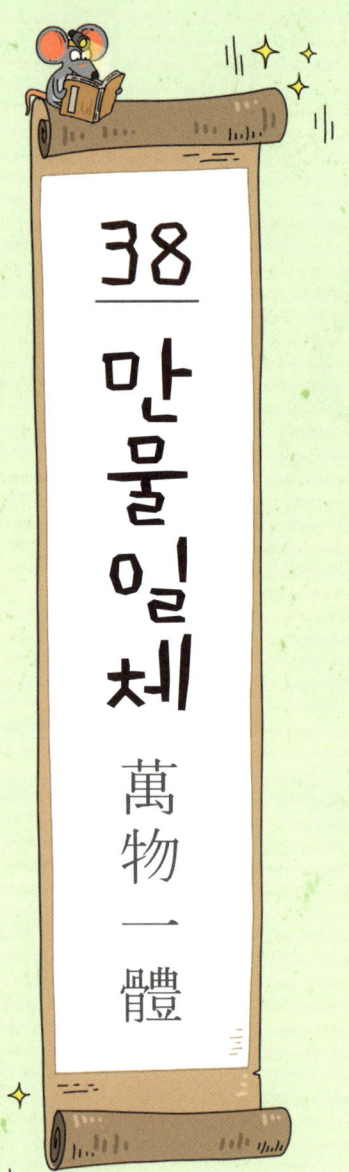

38 만물일체 萬物一體

만물일체 : 모든 물건은 한 몸이다.

세상의 모든 것은 다르지 않다.

'만물'이 무슨 말이에요?

'만萬'은 '1만', '물物'은 '물건, 사물'이라는 뜻이야. '이 세상에 있는 모든 물건'이라는 말이지. 모든 물건이란 말에는 살아 숨 쉬는 생명체까지 포함된단다.

'일체'는 무슨 뜻인가요?

'일一'은 '하나', '체體'는 '몸, 신체'라는 뜻이야. '한 몸', '하나의 몸'을 말하지. 짐승도 나무도 나와 같은 몸이라는 뜻이야. 너와 내가 다르다고 구별하고 차별하지 말라는 불교적인 가르침이지.

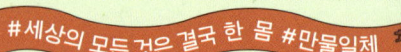
#세상의 모든 것은 결국 한 몸 #만물일체

짐승도 벌레도 사람도 모두 한 몸

중국에서는 태초에 거인 반고가 죽어 몸이 허물어지면서 세상 모든 것이 탄생했다고 믿어. 살은 흙이 되고, 두 눈은 해와 달이 되었지. 땅과 하늘이 생기자 반고의 머리카락과 몸의 털은 숲이 되고, 몸에 붙어 살던 벌레들은 동물로 변했어. 이, 빈대, 벼룩은 사슴, 멧돼지, 곰으로 변해서 숲에서 살고, 모기와 파리는 새로 변해서 하늘을 날아다녔지. 사람도 그렇게 생겨난 거야. 짐승도 벌레도 사람도 생겨나서 살아가는 길이 똑같으니 너와 나를 구별하거나 차별하지 말고 똑같이 대하라는 뜻이지.

고사성어

맹모삼천: 맹자 어머니가 집을 세 번 옮겼다. 올바른 교육을 위해 환경이 중요하다.

39 맹모삼천
孟母三遷

 '맹모'가 무슨 뜻이에요?

'맹孟'은 '맏, 첫, 처음', '모母'는 '어머니'라는 뜻인데, 여기서 '맹'은 맹자를 뜻해. 즉 '맹자의 어머니'라는 말이야. 맹자가 어렸을 때 아버지를 여의자 어머니가 혼자 훌륭하게 키워 낸 것으로 유명하지.

 '삼천'은 무슨 뜻인가요?

'삼三'은 '셋', '천遷'은 '옮기다'라는 뜻이야. '세 번 옮겼다.'라는 말이지. '맹자를 키우면서 이사를 세 번 했다.'라는 의미야.

#엄마가 학원 옆으로 이사 간대 #맹모삼천지교

위대한 학자는 저절로 자라지 않아

맹자의 어머니는 아들을 훌륭하게 키우기 위해 이사를 세 번이나 했어. 처음 공동묘지 근처에 살 때 어린 맹자는 매일 장례 지내는 장례 놀이를 했어. 다음에 이사한 곳은 시장 근처였어. 여기서 맹자는 물건 파는 흉내를 내며 놀았어. 어머니는 이곳에서는 장사꾼으로 자라겠구나 싶어 서당 근처로 이사를 했어. 그랬더니 맹자가 서당에 다니는 사람들을 따라 예의 바르고 공손한 태도를 배우고 책을 읽으며 군자로서의 바탕을 다지기 시작했어. 어머니는 그제야 비로소 마음 놓고 맹자를 키웠지.

고사성어 …

40 맹인모상 盲人摸象

맹인모상 : 장님 코끼리 만지기.
부분을 알면서 전체를 아는 것으로 여긴다.

'맹인'이 무슨 뜻이에요?

'맹盲'은 '장님', '인人'은 '사람'이라는 뜻이야. '눈이 멀어 앞을 못 보는 사람'을 말해.

'모상'은 무슨 뜻인가요?

'모摸'는 '만지다', '상象'은 '코끼리'라는 뜻이야. '코끼리를 만진다.'라는 말이지. 코끼리를 만지는 이야기는 『이솝 우화』와 불경의 『열반경』에 나오는데, 모두 『육도집경』에서 옮겨 간 이야기인 듯해.

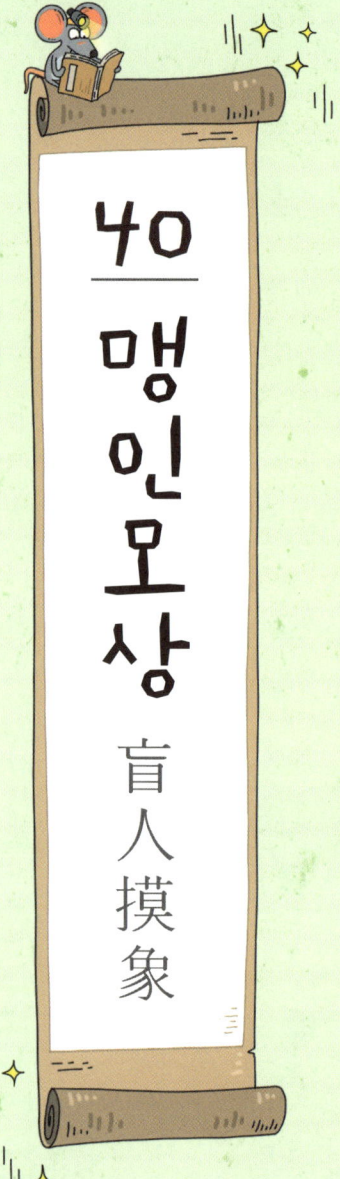

#장님 코끼리 만지는 격 #맹인모상

눈 뜬 장님은 되지 마라

옛날 인도의 한 왕국을 다스렸던 경면왕의 이야기야.
경면왕은 장님들에게 코끼리를 만져 보게 하고 물었어.
"지금 만져 본 짐승은 무엇같이 생겼느냐?"
장님들이 차례로 대답했어.
"커다란 북같이 생겼습니다."
"아닙니다. 굵고 부드러운 기둥 같습니다."
"넓은 벽같이 생긴 커다란 짐승이 틀림없습니다."
"아닙니다. 밧줄 모양처럼 생겼습니다."
대답을 다 들은 경면왕이 말했어.
"그대들 말은 모두 맞지만 모두 틀렸다. 일부만 알고 그것을 전체라고 생각할 뿐이다."
그러고는 사람들에게 부분을 가지고 전체라고 우기거나, 진리를 모르고 생각만을 내세우는 눈 뜬 장님이 되지 말라고 가르쳤지.

고사성어 …

면종복배 : 겉으로는 복종하고 속으로는 배반한다. 겉 다르고 속 다르다.

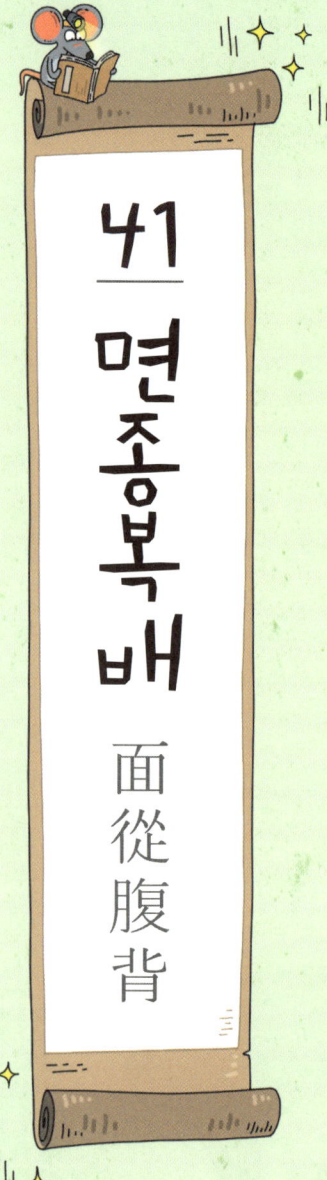

41 면종복배 面從腹背

'면종'이 무슨 뜻이에요?

'면面'은 '얼굴', '종從'은 '따르다'라는 뜻이야. '어떤 상대를 겉으로만 따른다.'라는 말이야. '싫든 좋든 겉으로는 좋은 표정을 짓고 복종한다.'라는 의미지.

'복배'는 무슨 뜻인가요?

'복腹'은 '배', '배背'는 '뒤집다'라는 뜻이야. 배는 '속마음'이고 뒤집는다는 것은 '돌아선다'는 뜻이니, '속으로는 반대한다.'라는 말이지. 겉으로는 좋게 생각해서 따르는 체하면서 마음으로는 싫어하는 것을 의미해.

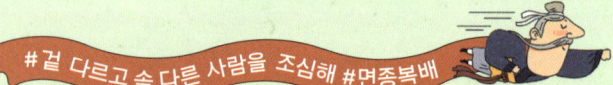
#겉 다르고 속 다른 사람을 조심해 #면종복배

코르시카 괴물에서 황제까지

프랑스의 황제였던 나폴레옹은 러시아 원정에 실패한 뒤에 엘바섬에 유배되었어. 나폴레옹이 섬을 탈출해 프랑스로 향하자 파리 신문들은 특집 기사를 쏟아 냈지.

나폴레옹이 섬에서 탈출했을 때는 '코르시카 괴물, 유배지를 도망치다.'라고 기사 제목을 썼고, 섬을 벗어나 바다를 건널 때는 '죄수 나폴레옹, 엘바섬을 탈출하다.', 육지에 도착해 프랑스로 향하자 '나폴레옹 장군, 귀국길에 오르다.', 마침내 파리에 들어섰을 때는 '나폴레옹 황제, 파리에 입성하시다.'라고 썼지.

세상에 이보다 더한 면종복배가 또 있을까?

고사성어 ···

무릉도원 : 복숭아꽃이 핀 별천지.

살기 좋은 이상향.

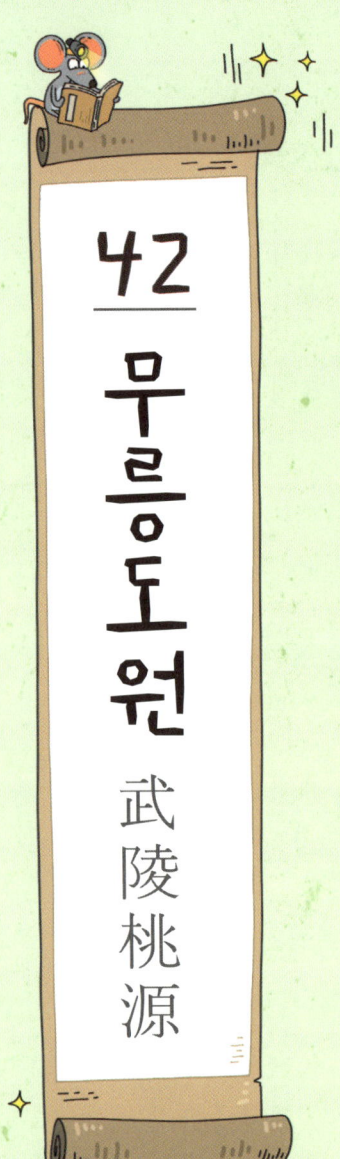

42 무릉도원 武陵桃源

'무릉도원'이 무슨 뜻이에요?

복숭아꽃이 만발한 낙원을 말해. 실제로 세상에는 없지만 누구나 마음속으로 그리는 아름답고 살기 좋은 가상의 세계를 말하지. 도원향, 이상향이라고도 해.

그곳에는 왜 복숭아꽃이 피었어요?

옛날에는 복숭아를 귀한 과일로 여겼어. 하늘에 사는 서왕모의 복숭아를 먹으면 불로장생하고, 손오공이 훔쳐 먹었다는 천도복숭아를 먹으면 3천 년을 산다는 이야기도 있지. 그렇게 귀한 복숭아나무 꽃이어서 무릉도원에 핀다고 생각한 게 아닐까?

 #현실적으로는 존재하지 않는 곳 #무릉도원

복숭아 꽃잎이 날리는 이상향

진나라 때 무릉에 한 어부가 살았어. 하루는 고기를 잡으러 강을 따라 갔지. 그런데 갑자기 복숭아꽃이 만발한 곳이 나타났어. 그 아름다움에 빠졌다가 한참 만에 정신을 차리고 보니, 큰 동굴이 있는 거야. 배를 저어 동굴 속으로 들어가니 앞이 환하게 열리며 새 세상이 나타났어. 산에는 뽕나무와 대나무가 울창하고, 들판에서는 사람들이 노래를 부르며 일하고, 마을의 기와집들에서는 한가로이 닭 소리가 들려왔지. 마을 사람들에게 크게 대접받은 어부는 닷새 만에 집으로 돌아왔는데, 다시는 그곳을 찾을 수 없었어. 도연명이 지은 『도화원기』에 나오는 '무릉도원' 이야기야.

43 부자유친 父子有親

부자유친 : 아버지와 아들 사이의 도는 친애에 있다. 부모는 자녀에게 인자하고 자녀는 부모에게 존경과 섬김을 다해야 한다.

'부자'가 무슨 말이에요?

'부父'는 '아버지', '자子'는 '아들'이라는 뜻이야. '아버지와 아들'이라는 말이지. 재산이 많은 부자富者와는 뜻이 다른 말이야.

'유친'은 무슨 뜻인가요?

'유有'는 '있다', '친親'은 '친하다'라는 뜻이야. '친해야 한다.'라는 말이지. 앞에 '부자'라는 특별한 관계의 말이 붙어 있기 때문에 서로를 내 몸같이 위해 준다는 책임과 의무가 따라야 해.

#난 아빠랑 친구 같은 사이야 #부자유친

고려장과 아들의 효심

먼 옛날, 늙은 부모를 산에 갖다 버리는 고려장이란 법이 있었어. 한 아들이 어머니를 버리러 갔어. 깊은 산길을 가는데, 등에 업힌 어머니가 자꾸 나뭇가지를 꺾는 거야. 아들이 왜 그러느냐고 묻자, 아들이 돌아갈 때 길을 잃을까 봐 걱정돼서라고 했지.

어머니를 산속에 버리고 온 아들은 밤에도 잠이 오지 않았어. 그래서 밤마다 먹을 것과 약을 가지고 산속에 있는 어머니를 찾아갔지. 추울 때는 이불을 갖고 가서 덮어 주고, 더울 때는 산골짜기 냇가로 모시고 가서 몸을 씻겨 주었어. 그렇게 어머니가 세상을 떠날 때까지 지극정성으로 모셨지. 이 일이 임금님에게 알려졌고, 이후 고려장을 없앴다고 해.

고사성어 … ㅂ

분서갱유 : 책을 태우고 선비를 묻다.
문화를 억누르다.

'분서'가 무슨 뜻이에요?

'분焚'은 '불사르다', '서書'는 '글'이라는 뜻이야. 글자 대로 뜻을 풀면 '글을 불사르다.'이지만, '책을 태워 버린다.'라는 뜻이지. '학문을 탄압한다.'라는 의미야.

'갱유'는 무슨 뜻인가요?

'갱坑'은 '구덩이', '유儒'는 '선비'라는 뜻이야. '구덩이를 파서 선비들을 묻어 버린다.'라는 말이지.

#진시황 하면 만리장성만 떠올랐는데 #분서갱유

책을 불태우고 선비를 땅에 묻다니

중국을 통일한 진시황이 신하들과 나랏일을 의논했어. 이때 승상 이사가 진시황에게 말했어.

"진나라 기록 외의 책은 모두 없애야 합니다. 의약, 복서, 농사에 관한 책 말고는 모두 불태우고, 옛날 것을 가지고 지금 것을 비난하는 사람들은 모두 처형해야 합니다."

진시황은 이사의 말을 받아들였어. 역사책을 비롯한 중국의 옛날 책을 모두 불살라 버렸지. 이것이 '분서'야. 그래서 진나라가 중국 역사의 시작인 것처럼 된 거야.

진시황은 이듬해에 신선술을 가진 사람들을 불러들여 불로장생하는 약을 구해 오라고 명했어. 이때 자신의 일을 비난하는 460여 명의 학자들을 잡아들여 구덩이를 파고 묻어 버렸지. 이것이 '갱유'야.

고사성어 ... ㅂ

45 붕우유신 朋友有信

붕우유신 : 친구 사이에 지켜야 할 도리는 믿음에 있다. 친구끼리는 믿어야 한다.

'붕우'가 무슨 뜻이에요?

'붕朋'은 '벗', '우友'도 '벗'을 뜻해. '같은 또래의 벗'이라는 말이지. 비슷한말로 동무, 친구, 지기 등이 있어. 동무는 우리말이고, 나머지는 한자말이야.

'유신'은 무슨 뜻인가요?

'유有'는 '있다', '신信'은 '믿는다'라는 뜻이야. '믿는다, 믿음을 갖는다'라는 말이지. 비슷한말로 '신뢰하다'가 있어.

#둘도 없는 친구 사이 #붕우유신

목숨을 건 의리

춘추 시대, 50살이 넘은 좌백도라는 선비가 초나라에서 인재를 뽑는다는 소식을 듣고 길을 떠났어. 어느 집에서 하룻밤을 묵게 되었는데, 그 집 주인인 양각애와 마음이 맞아 의형제를 맺었지. 벼슬을 하고 싶었던 양각애도 함께 길을 떠났어. 그런데 가다 보니 식량도 부족하고 추위를 견디기도 어려웠어. 좌백도는 자기의 옷과 식량을 주면서 보내려고 했지만 양각애는 오히려 젊은 자신이 양보해야 한다며 뜻을 굽히지 않았지. 그러자 양각애가 땔나무를 하러 간 사이 좌백도는 입고 있던 옷과 남은 식량을 남겨 둔 채 떠나 버렸어. 결국 양각애는 얼어 죽은 좌백도를 묻어 주고 초나라에 가서 재상이 되었어. 양각애는 벼슬을 하겠다는 좌백도의 뜻을 대신 이루었다며 그의 무덤을 찾아가 제사를 지내고 자결했대.

고사성어 … ㅅ

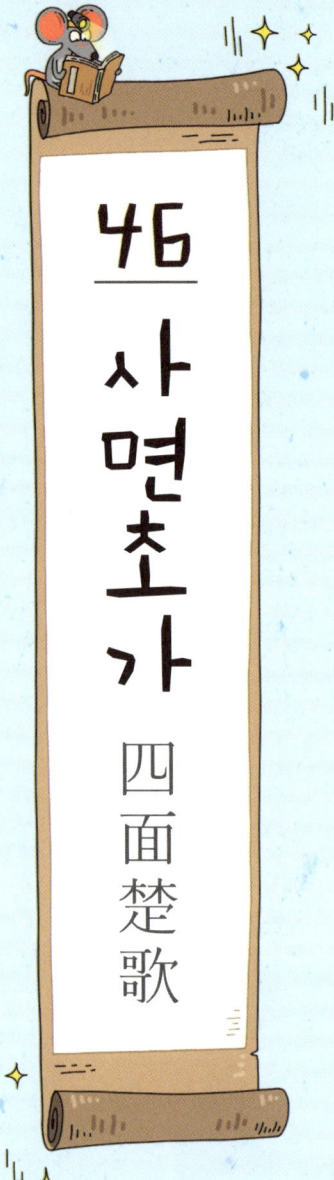

46 사면초가 四面楚歌

사면초가 : 사방이 초나라 노래이다.
극복할 수 없는 곤경에 처했다.

'사면'이 무슨 뜻이에요?

'사四'는 '넷', '면面'은 '얼굴, 표면, 방면, 방향'이라는 뜻이야. '네 개의 방향'을 의미해. 나를 둘러싸고 있는 사방을 말하는 것이지. '사변, 주변, 주위, 동서남북' 등의 뜻을 가진 말이야.

'초가'는 무슨 뜻인가요?

'초楚'는 '초나라'이고, '가歌'는 '노래'라는 뜻이야. '초나라의 노래'라는 말이지.

#사방이 적 #사면초가

102

고향 노래를 들으니 눈물이 나

진나라가 망하고 초나라와 한나라가 힘을 겨루던 때였어. 한나라 유방은 달아나는 초나라 항우를 뒤쫓고 있었어. 한나라에게 포위당한 항우는 마지막 싸움을 준비했지. 그때 사방에서 슬픈 노랫소리가 들려왔어. 그것은 한나라 병사들이 부르는 초나라 노래였어. 그 노랫소리에 항우와 초나라 병사들은 마음이 슬퍼 울었지. 고향과 가족들 생각에 도망치는 병사들도 있었어. 유방이 초나라 병사들의 사기를 떨어뜨리기 위해 심리전을 펼친 것이었는데, 완벽하게 성공한 거지. 이 싸움에서 유방에게 패한 항우는 스스로 목숨을 끊고 말았어.

고사성어 … 人

47 삼인성호 三人成虎

삼인성호 : 세 사람이 호랑이를 만든다.
여럿이 말하면 거짓도 참말이 된다.

'삼인'이 무슨 뜻이에요?

'삼三'은 '셋', '인人'은 '사람'이라는 뜻이야.
'세 사람'이라는 말이지.

'성호'는 무슨 뜻인가요?

'성成'은 '이루다', '호虎'는 '호랑이'라는 뜻이야. 여기서는 '호랑이를 만든다.'라는 뜻으로 풀이할 수 있어. 결국 '삼인성호'는 세 사람이 짜면 호랑이가 돌아다닌다는 거짓말도 할 수 있다는 말이지. 근거 없는 말이라도 여럿이 하면 믿게 된다는 의미야.

#누가 가짜 뉴스 퍼뜨렸니? #삼인성호

헛된 말은 귀담아듣지 마세요

중국 위나라 혜왕 때 방충이라는 사람이 조나라로 끌려가면서 말했어.
"전하! 한 사람이 저잣거리에 호랑이가 나타났다고 하면 믿으시겠습니까?"
"누가 그 말을 믿겠소."
"두 사람이 말하면요?"
"역시 안 믿을 것이오."
"세 사람이 똑같은 말을 하면요?"
"그땐 믿게 될 것 같소."
"전하! 저잣거리에 호랑이가 나타날 리는 없습니다. 하지만 여러 사람이 똑같이 아뢰면 그 말이 사실이 되옵니다. 이제 신은 조나라로 가게 되었습니다. 저를 모함하는 자가 세 사람만은 아닐 것입니다. 바라옵건대, 헛된 말을 귀담아듣지 마십시오."
여기에서 삼인성호라는 말이 생겼단다.

고사성어 … ㅅ

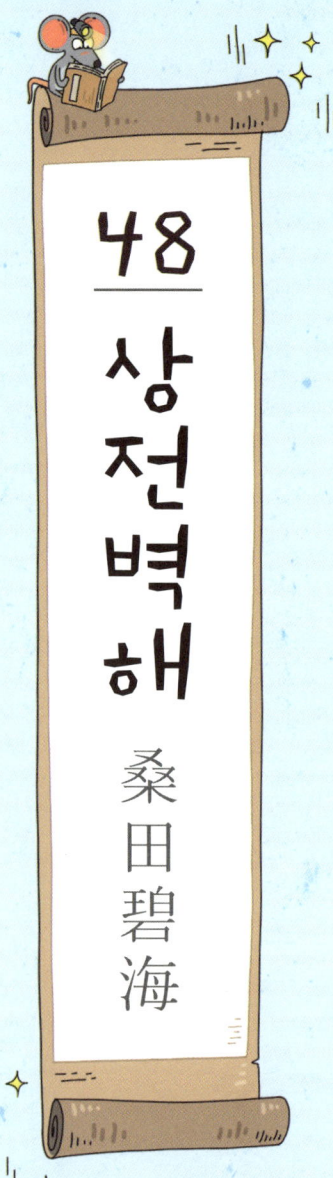

48 상전벽해 桑田碧海

상전벽해 : 뽕밭이 바다로 바뀐다.
세상이 몰라보게 변했다.

'상전'이 무슨 뜻이에요?

'상桑'은 '뽕나무', '전田'은 '밭'이라는 뜻이야. 뽕나무는 잎, 꽃, 열매, 줄기, 뿌리까지 약으로 쓰여. 게다가 뽕잎을 먹는 누에는 비단 옷감을 주어서 옛날부터 뽕나무는 귀하게 여겨 왔단다.

'벽해'는 무슨 뜻인가요?

'벽碧'은 '푸르다', '해海'는 '바다'라는 뜻이야. '푸른 바다'를 말하지. 바다는 모두 푸르지만 벽해라고 하면 더 넓고 무겁고 큰 힘이 실리게 돼.

#댐이 생기면서 고향이 없어졌대 #상전벽해

바다가 먼지를 풀풀 일으키고 있다더라

하루는 마고선녀가 신선 왕방평을 만나 이렇게 말했어.
"제가 신선님을 알고 지낸 이래 동해 바다가 세 번이나 뽕나무밭으로 변하는 것을 보았습니다. 이번에 봉래에 갔더니, 바다가 얕아져 넓이가 이전의 반밖에 되지 않았습니다. 동해가 육지로 변하는 건 아닐까요?"
"그러기에 성인들께서 말하지 않았습니까. 바다라는 녀석들이 먼지를 풀풀 일으키고 있다고 말입니다."
세상이 상상하기 어려울 만큼 몰라보게 바뀐다는 것을 상징적으로 말하는 이 이야기에서 '상전벽해'라는 말이 처음 나왔어. 『신선전』의 「마고선녀」에 나오는 이야기야.

고사성어 ··· 人

49 새옹지마 塞翁之馬

새옹지마 : 새옹이란 사람의 말.
복이 화가 되기도 하고, 화가 복이 되기도 한다.

'새옹'이 무슨 뜻이에요?

'새옹塞翁'은 '새옹지마' 이야기에 나오는 주인공의 이름이야. 옛날 중국에서 오랑캐들이 자주 쳐들어오는 국경 지대에 살았다는 가상의 노인이지.

'지마'는 무슨 뜻인가요?

'지之'는 어조사 '~의'이고, '마馬'는 '말'이라는 뜻이야. '새옹지마'는 새옹이란 노인의 말이라는 뜻이지. 이 말은 세상일의 좋고 나쁨을 미리 예측할 수 없다는 의미로 쓰여.

#나쁜 일이 좋은 일이 되기도 해 #인생 만사 새옹지마

어쩌면 행운을 가져올지도 몰라

중국 국경 지대에 새옹이라는 노인이 살았어. 어느 날 새옹의 말이 달아난 것을 알고 사람들이 와서 안타까워했어. 하지만 새옹은 태연했지.

"그게 어쩌면 행운을 가져올지도 모르지요."

몇 달 뒤 달아났던 말이 훌륭한 말 한 마리를 데리고 돌아왔어. 사람들이 와서 축하해 주자 이번에도 새옹은 무덤덤하게 말했어.

"이것이 불행을 가져올지도 모르지요."

얼마 뒤 아들이 이 말에서 떨어져 크게 다쳤어. 문병 와서 걱정해 주는 사람들에게 새옹은 "이 일이 어쩌면 행운이 될지도 모르지요."라고 했지. 1년 뒤 오랑캐들이 쳐들어와서 많은 젊은이가 전쟁터에서 목숨을 잃었어. 하지만 다리를 다쳐 전쟁터에 나갈 수 없었던 새옹의 아들은 살아남았지.

고사성어 ··· ㅅ

50 솔선수범 率先垂範

솔선수범 : 앞장서서 하여 모범을 보인다.
몸소 실천하여 본보기가 된다.

'솔선'이 무슨 뜻이에요?

'솔率'은 '지키다', '선先'은 '먼저'라는 뜻이야. '남보다 앞장서서 무엇을 한다.'라는 말이지.

'수범'은 무슨 뜻인가요?

'수垂'는 '드리운다', '범範'은 '법'이라는 뜻이야. 무슨 일을 할 때 남을 가르치기 위해 그 일을 먼저 해 보는 것을 말해. '모범'은 본받아 배울 만한 본보기라는 말이야. 결국 수범이나 모범은 비슷한 뜻이지.

#말로만 하지 말고 행동 좀 해 #솔선수범

또 통나무를 옮길 일이 있으면 부르게

1815년 워털루에서 영국군이 나폴레옹과 싸울 때였어. 잠시 싸움이 멈추자 영국 병사들은 부서진 캠프를 고치기 위해 통나무를 옮기느라 바빴어. 그때 지휘관인 상사가 호통을 치는 거야.
"젊은 놈들이 왜 그 모양이야? 힘을 더 써야지."
힘을 조금만 더 보태면 될 것 같아서 지나가는 신사가 말했어.
"상사, 자네는 왜 보고만 있는 거지?"
"저는 병사들을 지휘하는 상관입니다."
"음, 알겠네. 그럼 내가 도와주지."
신사가 힘을 조금 보태자 통나무는 쉽게 옮겨졌어. 신사가 발길을 돌리며 말했지.
"상사! 또 통나무를 옮길 일이 있으면 나를 부르게."
그 신사는 영국군 총사령관인 웰링턴 장군이었어. 나중에 영국의 총리가 되었지. 영국군은 이렇게 솔선수범하는 장군이 있어서 나폴레옹 군대를 이겼는지도 몰라.

고사성어 … 人

51 수구초심 首丘初心

수구초심 : 여우는 죽을 때 제가 살던 굴을 향해 머리를 돌린다. 고향을 그리워하는 마음.

'수구'가 무슨 뜻이에요?

'수首'는 '머리', '구丘'는 '언덕'이라는 뜻이야. '머리를 언덕으로 향한다.'라는 말이지. 여기서 '언덕'은 자신이 살던 곳으로, 자기가 태어났거나 오래 살았던 곳을 뜻해. 고향과 같은 의미지.

'초심'은 무슨 뜻인가요?

'초初'는 '처음', '심心'은 '마음'이라는 뜻이야. '어릴 때 들인 정이나 처음 먹은 마음'을 말하지. 결국 '수구초심'은 태어나고 자란 고향을 그리워하는 마음을 의미해.

#외국에 나가면 누구나 애국자 #수구초심

112

죽을 때가 되면 고향이 그립다

주나라 문왕이 사냥을 나갔다가 낚시를 하고 있는 노인을 만났어. 세상 이야기를 나누다 보니, 넓은 식견이 놀라울 정도여서 스승으로 삼았지. 그 낚시꾼이 바로 미끼를 끼우지 않고 세월을 낚는다는 강태공이었어. 문왕이 죽자 강태공은 뒤를 이은 무왕을 도와 은나라를 치고 주나라를 더욱 크게 일으켰어. 그 공을 인정받아 제나라의 제후로 봉해졌지. 그런데 강태공은 자신이 얼마 살지 못할 걸 깨닫고 주나라로 돌아갔어. 이에 사람들은 '옛말에 여우가 죽을 때는 제가 살던 굴이 있는 언덕 쪽으로 머리를 향하는 것이 인仁이다.'라고 『예기』에 기록했지. 우리 속담에 '범도 죽을 때면 제 굴에 가서 죽는다.'는 말이 있는데, 같은 뜻이야.

고사성어 … ㅅ

52 순망치한 脣亡齒寒

순망치한 : 입술이 없으면 이가 시리다.

서로 떨어질 수 없는 밀접한 관계.

'순망'이 무슨 뜻이에요?

'순脣'은 '입술', '망亡'은 '잃다'라는 뜻이야. '입술이 없어진다.'라는 말이지. 입술이 없어지면 어떤 일이 일어나게 될지 상상해 봐.

'치한'은 무슨 뜻인가요?

'치齒'는 '이', '한寒'은 '차다'라는 뜻이야. '이가 시리다.'라는 말이지. 결국 '순망치한'은 입술이 없어지면 이가 시리다는 의미야. 서로 의지하고 있어 한쪽이 사라지면 다른 쪽도 어려워지는 관계를 말해.

#떼려야 뗄 수 없는 관계 #순망치한

이웃이 망하면 우리도 망할 것입니다

춘추 시대 말, 괵나라 공격을 앞두고 있던 진나라 헌공이 우나라 우공에게 땅을 좀 지나가게 해 달라고 요청했어. 우공에게는 앞날을 내다보는 궁지기가 있었어. 궁지기는 헌공의 속셈을 눈치채고 우왕에게 말했어.
"괵나라와 우나라는 한 몸이나 다름없는 사이입니다. 괵나라가 망하면 우리도 망할 것입니다. 옛 속담에도 수레의 짐받이와 바퀴는 서로 의지하고, 입술이 없어지면 이가 시리다고 했습니다. 결코 길을 빌려주어서는 안 됩니다."
그러나 우왕은 "진나라도 우리와 친한데, 해칠 리가 있겠소?"라며 말을 듣지 않았어. 궁지기는 가족과 함께 떠나며 "우나라는 올해를 넘기지 못할 것입니다."라고 말했지. 궁지기의 예언대로 진나라는 괵나라를 치고 돌아오는 길에 우나라도 정복해 버렸어.

고사성어 … ㅅ

53 시어다골 鰣魚多骨

시어다골 : 준치는 맛은 좋으나 가시가 많다.

좋은 일에는 나쁜 일이 같이 다닌다.

'시어'가 무슨 뜻이에요?

'시어鰣魚'는 준치(전어)라는 물고기를 말해. '가을 전어는 집 나갔던 며느리도 돌아온다.'라는 말이 있을 정도로 맛이 좋지.

'다골'은 무슨 뜻인가요?

'다多'는 '많다', '골骨'은 '뼈'라는 뜻이야. '뼈가 많다.'라는 말이지. 전어는 맛이 좋지만 뼈가 많은 물고기야. 그래도 자잘한 뼈라서 그냥 씹어 먹을 수 있어.

#맛은 좋은데 가시가 많다고? #먹어야 돼, 말아야 돼? #시어다골

불쌍한 시어에게 뼈를 나눠 주어라

먼 옛날, 시어는 뼈가 하나도 없었어. 몸매도 날씬하고 맛도 기가 막히게 좋아서 사람들이 많이 잡아먹었지.
"이대로 가다가는 우리가 바다에서 없어지고 말 거야."
시어들은 고민 끝에 용왕을 찾아가 도움을 청했어.
용왕은 시어가 뼈가 없어서 사람들이 좋아한다고 생각했어. 그래서 뼈 있는 물고기들을 모두 부른 다음 말했지.
"이 불쌍한 시어들에게 자신의 뼈 하나씩을 나누어 주도록 하여라."
물고기들은 자신의 뼈 가운데서 제일 작은 것을 골라 시어에게 주었어. 굵은 뼈는 주기가 싫었거든. 그래서 시어는 자잘한 뼈만 갖게 된 거야.

고사성어 … ㅅ

54 식자우환 識字憂患

식자우환 : 글자를 아는 것이 오히려 근심이 된다. 너무 많이 알면 쓸데없는 걱정도 많다.

'식자'가 무슨 뜻이에요?

'식識'은 '알다', '자字'는 '글자'라는 뜻이야. '글자를 안다.'라는 말이지. '지식이 있다.', '아는 것이 많다.', '공부를 많이 했다.'라는 뜻도 있어.

'우환'은 무슨 뜻인가요?

'우憂'는 '근심하다, 걱정하다', '환患'은 '근심, 재앙'이라는 뜻이야. '근심 걱정이 많다.'라는 말이지.

#아는 게 많아도 병 #식자우환

조조가 보낸 가짜 편지

서서는 유비의 전략가였어. 조조는 서서와 유비를 떼어 놓을 방법을 고민하다가 서서의 어머니인 위부인을 시켜 편지를 쓰게 했어. 그러나 학식이 높고 의리가 두터운 위부인은 아들을 불러들이기는커녕 자기 걱정은 말고 유비를 잘 섬기라고 했지.

일이 실패하자, 조조는 위부인의 글씨를 본떠 서서에게 거짓 편지를 보냈어. 조조의 도움으로 잘 있으니 위나라로 돌아오라는 내용이었지. 집으로 돌아온 아들을 보자 위부인은 어리둥절했어. 곧 조조가 쓴 거짓 편지 때문임을 안 위부인은 이렇게 한탄했어.

"여자가 글을 안다는 것이 큰 걱정을 낳게 했구나. 식자우환이야."

55 안하무인 眼下無人

안하무인 : 눈 아래 사람이 없다.

몹시 교만하여 다른 사람을 업신여긴다.

'안하'가 무슨 뜻이에요?

'안眼'은 '눈', '하下'는 '아래'라는 뜻이야. '눈 밑, 눈 앞, 눈 아래, 자기 밑, 보이는 곳' 등을 말하지.

'무인'은 무슨 뜻인가요?

'무無'는 '없다', '인人'은 '사람'이라는 뜻이야. '사람이 없다거나 사람이 보이지 않는다.'라는 말이지. 무인지경은 사람이 살지 않는 외진 곳, 무인 판매기는 사람 없이 물건을 파는 자판기를 말해.

#눈에 뵈는 게 없는 우리 반 회장 #안하무인

공주와 하느님의 딸

프랑스의 루이 15세에게는 매우 교만한 공주가 있었어. 안하무인이었지. 하루는 공주의 반지가 없어졌어. 아무리 찾아도 보이지 않으니까 짜증이 많이 났지. 누구에게든 화풀이를 하고 싶은 참에 하녀가 나타났어. 다짜고짜 화를 내는 공주에게 나이 지긋한 하녀가 물었어.

"공주님! 제가 무엇을 잘못했습니까?"

공주는 하녀의 말에 더 약이 올랐어.

"뭐야? 하녀 주제에 나에게 말대꾸를 해. 나는 이 나라의 공주야."

그러자 하녀는 이렇게 말하고 얼른 자리를 떠났어.

"잘 알고 있습니다. 그렇지만 저는 하느님의 딸입니다."

고사성어

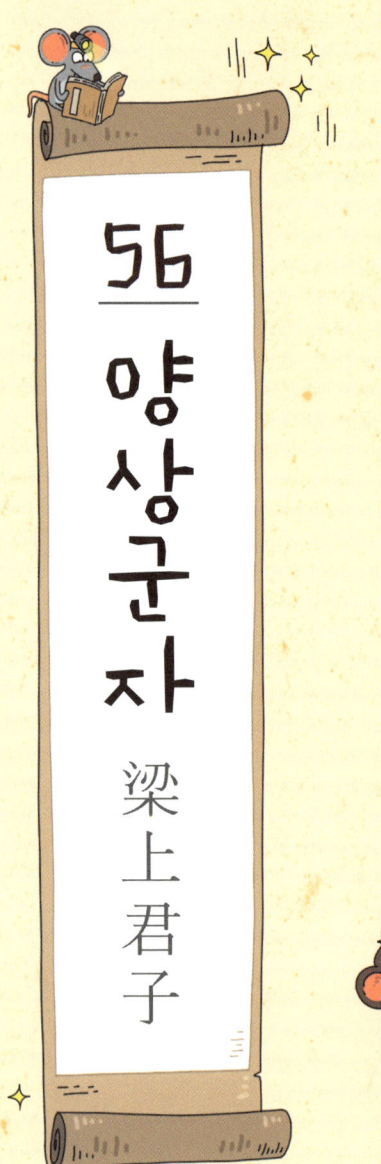

56 양상군자 梁上君子

양상군자 : 대들보 위의 군자.
도둑을 듣기 좋게 부르는 말.

'양상'이 무슨 뜻이에요?

'양梁'은 '대들보', '상上'은 '위'라는 뜻이야. '대들보 위'라는 말이지. 대들보는 기둥과 기둥을 건너지른 나무인데, 작은 들보들을 받치고 있어 집 전체를 지탱하는 데 매우 중요해. 그래서 '나라나 집안의 중심이 되는 사람'을 대들보라고 하지.

'군자'는 무슨 뜻인가요?

'군君'은 '임금, 어진 사람', '자子'는 '아들, 사람'이라는 뜻이야. '성품이 어질고 학식이 높은 지성인'을 일컫는 말이지. 높은 벼슬을 한 사람을 부르는 말로도 쓰였어.

#옆집에 도둑이 들었대 #양상군자

한두 번 나쁜 짓을 하다 보면

어느 날, 훈장 집에 도둑이 들었어. 도둑은 원래 착한 농부였어. 그런데 흉년이 들어 살기가 어려워지자 도둑질을 하게 된 거야.
'잠도 안 자고 책을 읽고 있잖아. 기다렸다가 잠이 들면 훔쳐야지.'
도둑은 천장의 대들보 위에 숨어 기다렸어. 그때 훈장이 손자에게 말했어.
"사람은 모두 착한 성품을 가지고 태어난단다. 그런데 살기가 힘들다고 나쁜 짓을 하는 경우가 있지. 그렇게 한두 번 나쁜 짓을 하다 보면 버릇이 되어 악인이 된단다. 지금 저 대들보 위의 군자가 그렇지."
도둑은 깜짝 놀랐어.
"용서해 주십시오. 죽을죄를 지었습니다."
훈장은 쌀 한 말을 주며 다시는 도둑질을 하지 말라고 타일렀어. 중국 역사책 『후한서』에 나오는 이야기란다.

고사성어

57 어부지리 漁父之利

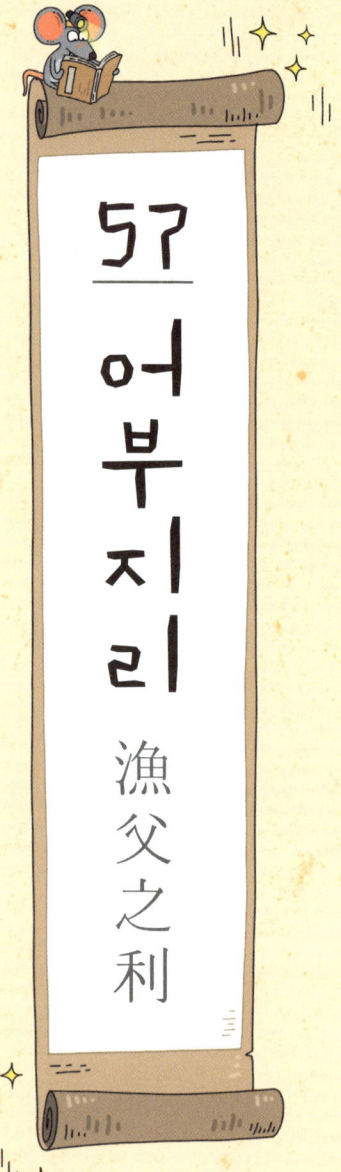

어부지리 : 어부의 이익. 두 사람이 서로 싸우다 엉뚱한 사람이 이익을 얻는다.

'어부'가 무슨 뜻이에요?

'어漁'는 '고기를 잡다.', '부父'는 '지아비'라는 뜻이야. 지아비는 웃어른 앞에서 자신의 남편을 낮추어 부르는 말이지. 어부는 '고기를 잡는 남자'를 가리켜.

'지리'는 무슨 뜻인가요?

'지之'는 어조사 '~의'이고, '리利'는 '이득'이라는 뜻이야. '~의 이득'이라는 말이지. 그래서 '어부지리'는 어부의 이익이라는 의미야.

#옆 반 탈락 #우리 반 결승전 진출 #어부지리

조개와 도요새가 다투면

전국 시대 때 연나라 소왕이 자기 나라를 치려고 하는 조나라 혜문왕에게 이렇게 말했어.

"조개가 껍데기를 벌리고 햇볕을 쬐고 있었습니다. 이때 도요새가 날아와 조갯살을 쪼았지요. 깜짝 놀란 조개는 껍데기를 꼭 닫아 도요새의 부리를 물었습니다. 도요새가 '이대로 비가 오지 않으면 너는 말라 죽고 말 것이다.'라고 하자, 조개도 지지 않고 '내가 놓아주지 않으면 너는 굶어 죽고 말 것이다.'라고 했지요. 그때 지나가던 어부가 둘 다 잡아 버렸답니다. 우리 연나라가 조개라면 조나라는 도요새입니다. 우리가 싸운다면 이웃의 진나라가 어부가 될 것입니다."

그 말을 들은 혜문왕은 연나라를 침략하려던 계획을 포기했어.

고사성어

58 언중유골 言中有骨

언중유골 : 말 속에 뼈가 있다.
말이 겉으로는 순하지만 단단한 속뜻이 들어 있다.

'언중'이 무슨 뜻이에요?

'언言'은 '말씀', '중中'은 '가운데'라는 뜻이야. '하는 말 속에'라는 말이지. '말 속에 무엇이 어떠하다.'라는 경우에 쓰는 낱말이야.

'유골'은 무슨 뜻인가요?

'유有'는 '있다', '골骨'은 '뼈'라는 뜻이야. '뼈가 있다.'라는 말이지. '겉으로는 드러나지 않는 큰 뜻이 숨겨 있다.'라는 의미야.

#듣고 보니 네 말에 뼈가 있네 #언중유골

절대 소문 내면 안 돼요

히틀러는 수백만 명의 유대인을 가스실에서 살해한 사람이야. 그가 오스트리아 잘츠부르크의 산장에서 산책하다가 깊은 냇물에 빠졌어. 살려 달라는 소리를 듣고 한 남자가 달려와 구해 주었지. 히틀러가 위엄 있는 목소리로 말했어.

"나는 독일의 대총통이다. 구해 줘서 고맙다. 이름이 뭐냐?"

"이스라엘의 코오엔입니다."

"유대인이라고? 그래도 용기는 좋았다. 소원이 있으면 말해 보아라."

"그러시다면 큰 소원이 있습니다."

"말하라. 내 꼭 들어주지."

"제가 총통님을 구해 드린 것을 누구에게도 말하지 말아 주십시오."

고사성어

59 역지사지 易地思之

역지사지 : 상대의 처지에서 생각한다. 입장을 바꾸어 놓고 본다.

'역지'가 무슨 뜻이에요?

'역易'은 '바꾸다', '지地'는 '땅, 처지, 형편'이라는 뜻이야. '형편에 따라 말이나 행동을 바꾼다.'라는 말이지. 비가 오면 우산을 쓰고, 해가 뜨면 양산을 쓰는 것처럼 형편에 맞게 바꾼다는 의미야.

'사지'는 무슨 뜻인가요?

'사思'는 '생각하다', '지之'는 어조사야. 그래서 '생각한다'는 뜻이지.

#입장 바꿔 생각해 #역지사지

빚 갚을 형편이 되냐고요?

미국의 16대 대통령 링컨이 변호사로 일할 때였어. 한 회사에 많은 빚을 지고 있는 사람이 있다며, 그의 형편을 알아봐 달라는 일을 받았지. 조사해 보니 그 사람은 빚 갚을 형편이 아니었어. 링컨은 그 회사에 편지를 보냈어.

'그 사람은 빚 갚을 돈이 없습니다. 그에게는 아내와 아기가 있는데 5천 달러 가치는 될 것 같습니다. 그의 사무실에 있는 책상은 1달러 5센트 가치가 있고, 의자 세 개를 합하면 1달러는 될 것 같습니다. 그리고 사무실 한쪽에 쥐구멍이 있는데 그 속에 돈 될 만한 것이 있는지는 파 보아야 알 것 같습니다.'

고사성어 … ㅇ

60 염량세태 炎凉世態

염량세태 : 뜨거웠다가 차가워지는 세태.
권세가 있으면 아첨하며 모여들고,
권세가 떨어지면 푸대접한다.

'염량'이 무슨 뜻이에요?

'염炎'은 '불꽃', '량凉'은 '서늘하다'라는 뜻이야. '불처럼 뜨거워지기도 했다가 찬바람처럼 서늘해지기도 한다.'라는 말이지. 변덕스러운 날씨를 말하는 것이 아니라, 세상인심을 가리키는 거야. 사람들의 마음이 변화무쌍한 날씨와 같다는 의미지.

'세태'는 무슨 뜻인가요?

'세世'는 '세상, 세계, 세대', '태態'는 '모양, 모습'이라는 뜻이야. '세상의 모습'이라는 말이지.

#사람들은 권세가 있을 때만 아첨해 #염량세태

무슨 염치로 다시 찾아온 것인가?

중국 제나라의 재상 맹상군은 힘도 있고 덕도 있어 많은 사람이 찾아왔어. 그 사람들을 먹이고 재워 주어서 모두가 좋아했지. 맹상군의 세력이 커지자 불안함을 느낀 왕은 그의 벼슬을 빼앗고 나라 밖으로 쫓아냈어. 그러자 사람들이 모두 떠나 버렸지. 얼마 뒤 왕은 맹상군에게 다시 높은 벼슬을 주었어. 그러자 떠났던 사람들이 다시 모여들었어.

"이 사람들이 무슨 염치로 다시 찾아온 것인가?"

맹상군이 묻자 아랫사람이 대답했어.

"사람들이 아침 시장에 모이고 저녁 시장을 떠나는 것은 아침 시장을 좋아하고 저녁 시장을 싫어해서가 아닙니다. 저녁 시장에는 필요한 물품이 다 팔리고 없기 때문입니다."

맹상군은 "염량세태군." 하며 그들을 다시 받아들였어.

고사성어

영원무궁 : 영원히 다함이 없다.

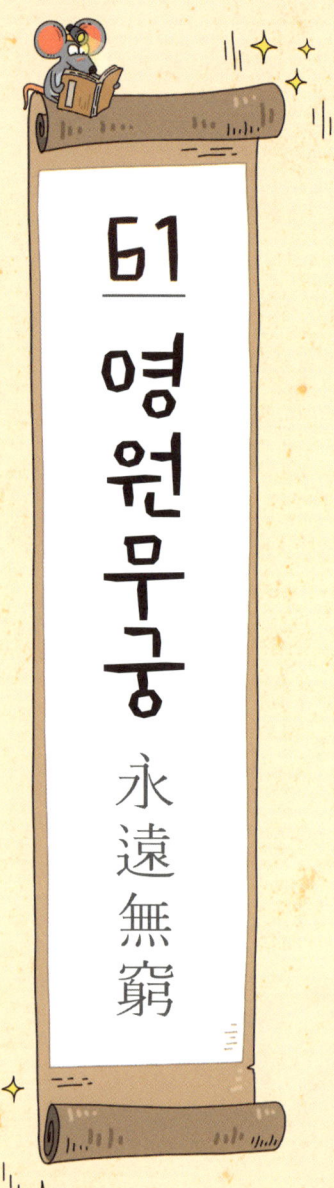

61 영원무궁
永遠無窮

'영원'이 무슨 뜻이에요?

'영永'은 '길다', '원遠'은 '멀다'라는 뜻이야. '아주 오랜 시간'을 말하지. 비슷한말로 '영구', '무한' 등이 있어. '헤아릴 수 없이 길고 긴 세월'을 의미해.

'무궁'은 무슨 뜻인가요?

'무無'는 '없다', '궁窮'은 '다하다'라는 뜻이야. '영원'과 마찬가지로 '긴 시간'을 말해. 우리나라 꽃은 반만년을 이어 온 역사처럼 끝없이 오래 피는 꽃이라고 해서 무궁화라고 정했어.

#우리 우정 영원토록 변치 말자 #영원무궁

아주 길고 긴 세월이라면

'영원무궁'은 어느 정도의 시간을 말하는 걸까? 수를 나타내는 말에는 일-십-백-천-만-억-조-경-해-자-양-구-간-재-극 등이 있어. 그렇게 헤아려서 끝에 가면 겁-영원-무궁이 되지.

세상에서 제일 큰 산이 있었어. 무엇으로도 깎을 수 없고 닳거나 깨지지 않는 아주 단단한 바윗덩어리로 되어 있는데, 봉우리 수가 1만 2천 개였어. 그 산 위로 3년마다 하늘 사람 장수천인이 날아서 지나가는데, 날개 옷 자락이 산봉우리를 스쳤지. 그렇게 스치는 옷자락에 1만 2천 개의 산봉우리가 다 닳아 없어지고, 그 자리가 평지가 될 때까지 걸리는 시간이 1소겁이야. 그다음에 중겁, 대겁, 영원, 무궁이라는 시간이 있는 거야. '영원무궁'은 이렇게 기나긴 세월을 말해. 『법화경』에 나오는 이야기야.

고사성어 … ㅇ

62 오비이락 烏飛梨落

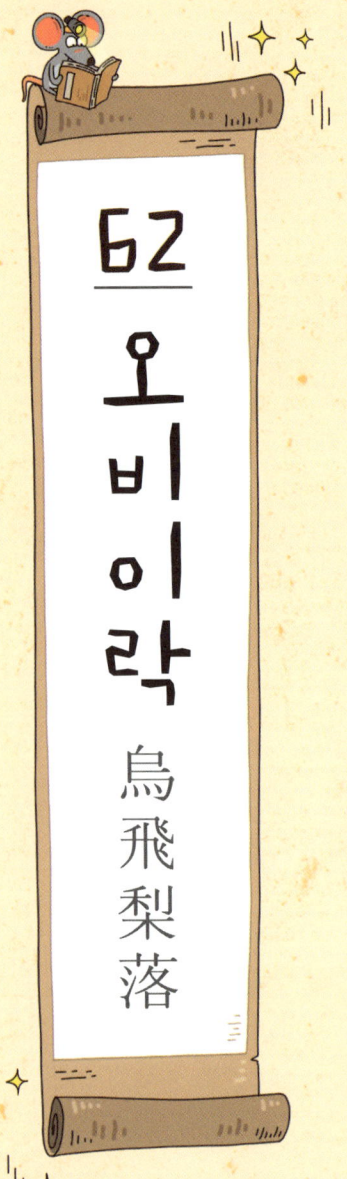

오비이락 : 까마귀 날자 배 떨어진다.
우연히 동시에 일어난 일로 억울하게 의심받다.

'오비'가 무슨 뜻이에요?

'오烏'는 '까마귀', '비飛'는 '날다'라는 뜻이야. '까마귀가 날다.'라는 말이지. 우리나라에서는 검은 까마귀를 기분 나쁜 새로 여겼는데, 중국에서는 좋은 새로 생각했대.

'이락'은 무슨 뜻인가요?

'이梨'는 '배', '락落'은 '떨어지다'라는 뜻이야. '배가 떨어진다.'라는 말이지. 결국 '오비이락'은 아무 관계도 없이 한 일이 공교롭게도 때가 같아 억울하게 의심을 받게 된다는 의미야.

#우연의 일치야 #제발 믿어 줘 #오비이락

까마귀와 뱀의 악연

지자대사 앞으로 멧돼지가 피를 흘리며 지나가는데 사냥꾼이 쫓고 있었어. 멧돼지와 사냥꾼의 전생을 본 지자대사는 사냥꾼을 막아서며 말했어. "잠깐 내 말 좀 들어 보시오. 까마귀가 날아가는데 배나무에서 배가 떨어졌소. 배는 나무 밑의 뱀을 쳐서 죽였지요. 죽은 뱀은 다음 생에 멧돼지로 태어나고, 까마귀는 죽어서 꿩이 되었소. 멧돼지는 칡뿌리를 캐다가 돌을 굴려 알을 품고 있는 꿩을 죽였는데, 죽은 꿩은 다시 사냥꾼으로 태어나 전생에서 자기를 죽인 멧돼지를 쫓았소. 그것이 지금의 당신이오. 까마귀 날자 배 떨어지는 일은 이렇게 세 번의 생에 걸쳐 서로 죽고 죽이는 악연으로 되풀이되었소. 이 악연의 끈을 끊는 게 어떻겠소?" 지자대사의 말에 깨달음을 얻은 사냥꾼은 활을 버리고 다시는 살생을 하지 않았대.

고사성어

63 외유내강
外柔內剛

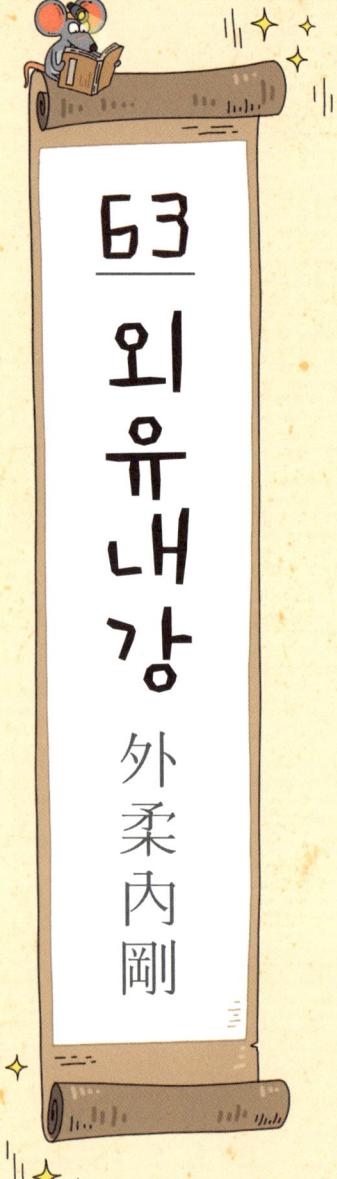

외유내강 : 겉은 부드러우나 속은 대단히 강하다.

'외유'가 무슨 뜻이에요?

'외外'는 '바깥', '유柔'는 '부드럽다'라는 뜻이야. '겉이 부드럽다.'라는 말이지. '연하다, 무르다, 약하다' 등과 비슷하게 쓰이는 말이야.

'내강'은 무슨 뜻인가요?

'내內'는 '안', '강剛'은 '굳세다'라는 뜻이야. '속으로는 굳세다.'라는 말이지. '마음먹은 일은 절대 굽히지 않고 밀고 나아간다.'라는 의미야.

#부드럽게 대한다고 쉽게 보지 마 #외유내강

넌 어떻게 멀쩡하니?

어느 날 큰 태풍이 몰려왔어. 강둑의 나무들은 가지가 떨어져 나가기도 했지. 키가 큰 몇 그루 나무는 비명을 지르며 쓰러졌어. 갈대들은 머리칼을 날리며 이리저리 몸을 흔들었어. 언뜻 보면 바람을 즐기고 있는 것 같았지.

폭풍이 가라앉은 뒤에 보니 나무들은 상처투성이였고, 갈대들은 아무 일도 없던 것처럼 태연했어. 허리를 크게 다친 미루나무가 물었어.

"그 태풍을 맞고도 넌 어떻게 멀쩡하니?"

"우리는 몸이 가냘프고 약해서 바람과 맞설 수 없어요. 그래서 바람이 하는 대로 따른답니다."

"너희들은 어쩌면 겉은 약해 보여도 속은 강한 건지 몰라."

고사성어

64 우공이산 愚公移山

우공이산 : 우공이 산을 옮긴다.
어리석은 일처럼 보이지만 하나의 일을 끝까지 밀고 나가면 언젠가는 목적을 달성할 수 있다.

'우공'이 무슨 뜻이에요?

'우愚'는 '어리석다', '공公'은 존칭으로 '어리석은 사람'이라는 뜻이야. 『열자』에 나오는 우공은 태산만큼 높고 큰 산을 옮기기로 작정한 아흔 살 되는 노인이야.

'이산'은 무슨 뜻인가요?

'이移'는 '옮기다', '산山'은 '메, 산'이라는 뜻이야. '산을 옮긴다.'라는 말이지. '산을 옮긴다.'는 말은 정말로 산을 들어 옮긴다는 것이 아니라, 산이 평지가 될 때까지 흙을 파고 바위를 깎아서 없앤다는 뜻이야.

#도끼를 갈아서 바늘을 만들겠대 #고집이야, 끈기야? #우공이산

내가 죽으면 아들이, 아들이 죽으면 손자가

우공이라는 아흔 살 노인이 가족들을 불러 마을 길을 막고 있는 산을 옮기겠다고 말했어. 가족들은 그러자 하는데 아내가 반대했지.
"저 큰 산을 어떻게 깎아요? 흙은 또 어떻게 할 거예요?"
하지만 우공은 세 아들과 손자를 데리고 일을 시작했어. 흙을 파고 바위를 깎아 해변에다가 갖다 버렸지. 지나가던 사람이 한심하다는 표정으로 말했어.
"아흔 넘은 노인이 저 산을 어찌 깎는단 말이오?"
"내가 죽으면 아들이 할 것이고, 아들이 죽으면 손자가 할 것이오. 산은 커지지 않지만 자손은 늘어나니, 언젠가는 평지가 되지 않겠소."
이것은 『열자』에 나오는 이야기야.

고사성어

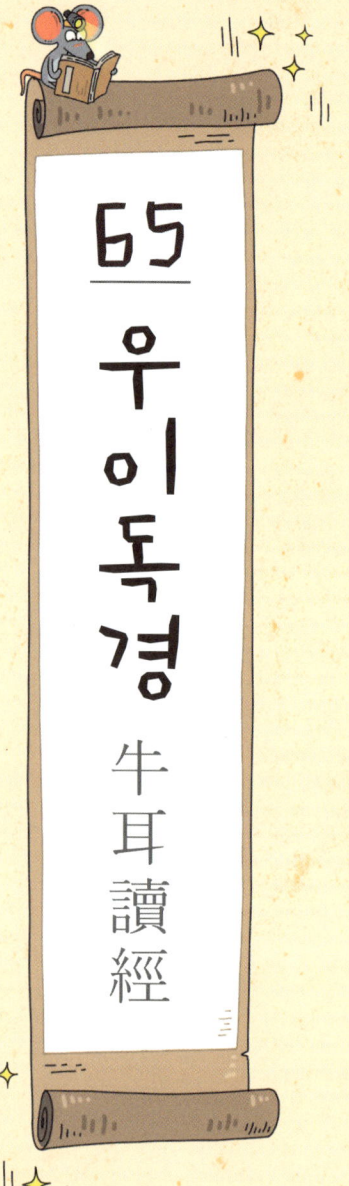

65 우이독경 牛耳讀經

우이독경 : 소귀에 경 읽기. 우둔한 사람은 아무리 가르치고 일러 주어도 알아듣지 못한다.

'우이'가 무슨 뜻이에요?

'우牛'는 '소', '이耳'는 '귀'라는 뜻이야. '소의 귀'라는 말이지. 소는 튼튼한 뿔이 있어도 자신을 위해 쓸 줄 모르고, 억센 힘을 가지고도 사람에게 부림을 당해. 바보스러울 만큼 착하기 때문이지. 그래서 사람들은 소는 귀가 있어도 듣지 못한다고 생각해.

'독경'은 무슨 뜻인가요?

'독讀'은 '읽다', '경經'은 '글, 경전'이라는 뜻이야. '경전을 읽는다.'라는 말이지. 하지만 스스로 읽는 것이 아니라 '읽어 준다'라는 뜻이야.

#소귀에 경 읽기 #이해력 완전 부족 #우이독경

내 말은 그런 뜻이 아니야

예수가 물을 긷는 사마리아 여인에게 말했어.

"샘물을 마시는 사람은 다시 목이 마르지만, 내가 주는 물을 마시면 영원히 목이 마르지 않을 것이오."

"그런 물을 주시어 이곳으로 물 길러 오지 않게 해 주십시오."

예수는 영적인 것을 말하는데 여인은 육신을 생각한 거야.

제자들이 음식을 권하자 예수가 말했어.

"내게는 너희가 모르는 먹을 것이 있다."

그때 제자들이 어디 있느냐고 물으니, 예수가 대답했지.

"나는 하늘에서 내려온 생명의 떡이니, 이 떡을 먹으면 영생하리라."

그 말을 들은 사마리아 여인이 물었어.

"이 사람이 정말 우리가 먹을 수 있도록 자기 살을 주는 건가요?"

예수의 말을 못 알아들으니, 소귀에 경 읽기였지.

66 우후죽순 雨後竹筍

우후죽순 : 비 온 뒤에 솟는 대나무 순.
어떤 일이 한꺼번에 많이 일어난다.

'우후'가 무슨 뜻이에요?

'우雨'는 '비', '후後'는 '뒤'라는 뜻이야. '비 온 뒤'라는 말이지. 비가 그치면 하늘도 공기도 맑고, 풀과 나무들이 쑥쑥 자라게 되지.

'죽순'은 무슨 뜻인가요?

'죽竹'은 '대나무', '순筍'은 '죽순'이라는 뜻이야. '대나무 순'을 말하지. 대나무의 땅속줄기에서 돋아나는 어린싹인데, 조건이 좋으면 순식간에 쑥쑥 자라나. 그래서 '단번에 많이 자란다.'라는 뜻으로 쓰여.

#비 온 뒤 텃밭이 풀밭으로 변했어 #우후죽순

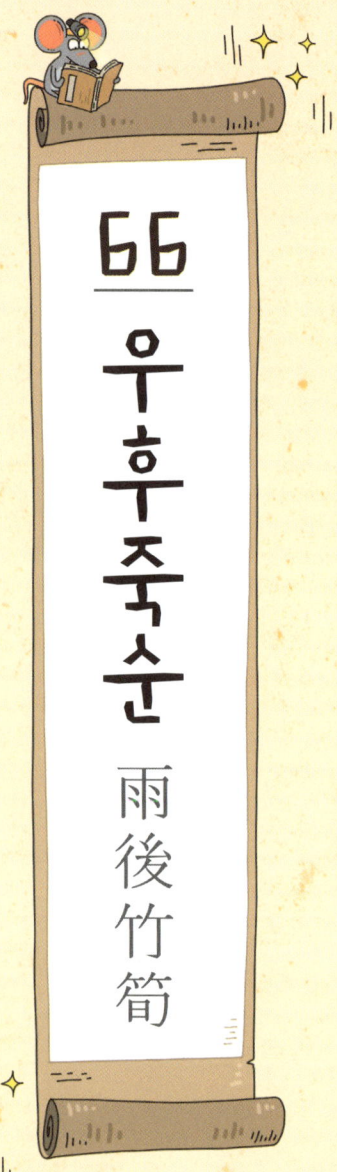

언제 저렇게 자랐지?

선비가 길을 가는데 갑자기 배가 아팠어. 아무 데나 똥을 쌀 수는 없으니 대나무 숲으로 들어갔지. 선비는 거추장스러운 갓과 두루마기를 벗어 대나무 순 위에 놓고 볼일을 봤어. 한참 만에 볼일을 보고 옆을 보니, 갓과 두루마기가 안 보이는 거야. 대나무 숲을 다 뒤져도 흔적조차 찾을 수 없었지. 그때 지나가던 사람이 있어 물으니 하늘을 가리키는 거야. 위쪽을 쳐다보니 하늘 높이 치솟은 대나무에 갓과 두루마기가 걸려 있었어. 선비가 볼일을 보는 동안 대나무 순이 그만큼 자라난 거야.

고사성어

67 유구무언 有口無言

유구무언 : 입이 있어도 할 말이 없다.
잘못이 분명해서 변명할 방법이 없다.

'유구'가 무슨 뜻이에요?

'유有'는 '있다', '구口'는 '입'이라는 뜻이야. '입이 있다.'는 말이지. 여기서는 '먹는 입'이 아니라 '말하는 입'을 가리키는 거야.

'무언'은 무슨 뜻인가요?

'무無'는 '없다', '언言'은 '말씀'이라는 뜻이야. '말이 없다.'라는 말이지. '할 말이 없다, 말을 못 한다. 변명할 여지가 없다.'라는 의미야.

#입이 백 개라도 할 말 없어 #유구무언

144

당장 할 수 있는 일이잖아

알렉산드로스 대왕이 지나가다가 강가에서 햇볕을 쬐고 있는 디오게네스를 만났어.

"내가 다시 태어날 수 있다면 옷 한 벌로 세상을 살아가는 디오게네스로 살게 해 달라고 신에게 부탁하고 싶소."

디오게네스는 알렉산드로스를 쳐다보지도 않고 말했어.

"무엇을 망설입니까? 지금 당장 벌거벗고 일광욕을 하면 되지 않습니까?"

"아직 할 일이 많아서 어쩔 수가 없소."

"무슨 할 일이 그렇게 많습니까?"

"세계를 정복하는 것이 내가 앞으로 할 일이지요."

디오게네스는 정색을 하며 말했어.

"당장이라도 할 수 있는 일을 왜 세계를 정복한 뒤에 하려고 하십니까?"

알렉산드로스는 입이 있어도 할 말이 없었어.

고사성어 …

인산인해 : 사람의 산과 사람의 바다.
사람이 굉장히 많이 모였다.

68 인산인해 人山人海

'인산'이 무슨 뜻이에요?

'인人'은 '사람', '산山'은 '메, 산'이라는 뜻이야. '사람 산'이라는 말이지. 사람 산이 뭐냐고? '사람이 산을 이룰 만큼 많이 모였다.'라는 의미야.

'인해'는 무슨 뜻인가요?

'인人'은 '사람', '해海'는 '바다'라는 뜻이야. '바다를 이룰 정도로 사람이 많이 모였다.' 라는 의미지.

#야구장에 사람들이 구름처럼 모여들었어 #인산인해

산아, 이리 오너라

613년경부터 이슬람교 전도를 시작한 마호메트는 신비로운 힘을 가진 예언자로 존경받았어. 사람들은 그를 불가능이 없는 사람으로 믿고 따랐지. 그가 나타나면 사람들이 구름처럼 모여들어 인산인해를 이루었어.
하루는 마호메트가 산을 부르겠다고 했어. 그 소식을 듣고 사람들이 얼마나 많이 모였는지 몰라. 마호메트는 두 팔을 높이 들고 건너편 산을 향해 크게 외쳤어.
"산아, 이리 오너라. 산아, 이리 오너라. 산아, 이리 오너라."
하지만 산은 꿈쩍도 하지 않았어. 그러자 사람들이 웅성거렸어. 마호메트가 다시 산을 향해 말했어.
"네가 정녕 오지 않겠다면 내가 너에게 가리라."
그러고는 산을 향해 뚜벅뚜벅 걸어갔지. 사람들도 출렁이는 파도처럼 마호메트를 뒤따라갔어.

고사성어 … ㅇ

69 일거양득 一擧兩得

일거양득 : 한 번 들어서 둘을 얻는다.
한 가지 일을 하여 두 가지 이익을 얻는다.

'일거'가 무슨 뜻이에요?

'일一'은 '하나', '거擧'는 '들다'라는 뜻이야. '한 번 들다.'라는 말이지.

'양득'은 무슨 뜻인가요?

'양兩'은 '둘', '득得'은 '얻다'라는 뜻이야. '두 가지를 얻는다.'라는 말이지. '꿩 먹고 알 먹는다.', '도랑 치고 가재 잡는다.'라는 말이 있지? 모두 '한 가지 일을 하고 두 가지 이득을 본다.'라는 뜻이야.

#도랑 치고 가재 잡고 #일거양득

호랑이 두 마리가 싸운다면

중국 진나라 혜왕은 사이가 나쁜 한나라와 위나라를 화해시키려고 했어. 진진이라는 사람에게 의견을 물었더니 이렇게 대답했지.
"옛날에 변장사라는 힘센 사람이 있었습니다. 그가 어느 마을에 갔는데, 사람들이 호랑이 두 마리를 잡아 달라고 했습니다. 변장사가 호랑이를 잡겠다고 서두르자, 여관에서 심부름하는 아이가 말했습니다. '호랑이 두 마리가 황소 한 마리를 놓고 싸운다면, 약한 놈은 죽고 강한 놈도 크게 다칠 것입니다.' 이 말을 들은 변장사는 호랑이가 싸우기를 기다렸다가 두 마리를 한꺼번에 잡았습니다."
한나라와 위나라가 싸우도록 내버려 둔다면 약한 나라는 멸망하고 힘센 나라도 타격을 입을 테니 그때 공격하면 한꺼번에 두 나라를 얻게 된다는 말이었지.

149

70 일어탁수 一魚濁水

일어탁수 : 한 마리 고기가 물을 흐린다.
한 사람의 잘못이 여러 사람에게 피해를 준다.

'일어'가 무슨 뜻이에요?

'일一'은 '하나', '어魚'는 '물고기'라는 뜻이야. '한 마리의 물고기'라는 말이지.

'탁수'는 무슨 뜻인가요?

'탁濁'은 '흐리다', '수水'는 '물'이라는 뜻이야. '물을 흐리다.'라는 말이지. 맑은 물이 더러워지는 것을 '탁해진다', '오염된다', '흐려진다' 등으로 말해.

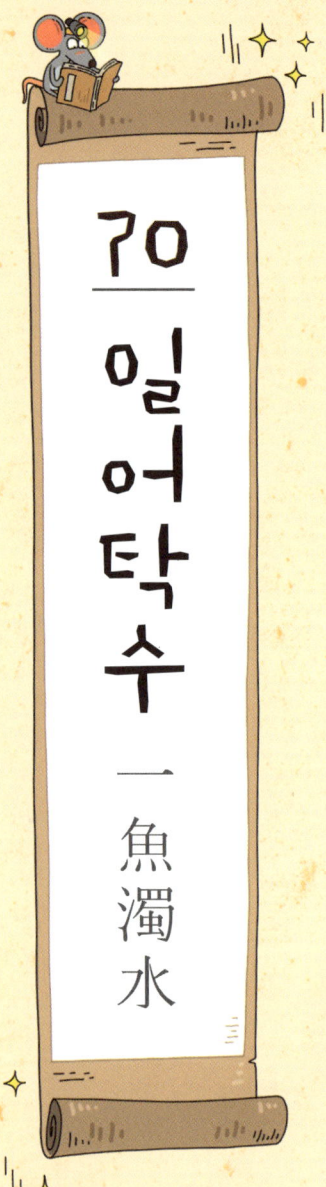

#내 웃음소리 때문에 수업 분위기 엉망진창 #일어탁수

죄 없는 다른 사람들을 위하여

유럽의 프로이센 왕국은 프리드리히가 왕위에 오르면서 크게 발전했어. 프리드리히 왕은 수시로 사람들의 생활을 살펴보러 나갔어. 하루는 한 교도소에 들렀지. 교도소의 수감자들은 하나같이 자기는 죄가 없다고 말했어. 그런데 구석 감방에 말없이 앉아 있는 죄수가 있었어. 왕이 그에게 물었지.

"자네는 왜 여기 들어와 있나?"

"도둑질을 했습니다, 폐하!"

"자네는 죄가 있다고 생각하나?"

"그렇습니다. 폐하! 큰 죄인입니다."

왕은 간수를 돌아보며 소리쳤어.

"간수! 저 죄인을 당장 내보내라. 여기에 두면 죄 없는 사람들이 물들지도 모른다."

간수는 왕의 말뜻을 알아듣고 죄인을 석방했어.

고사성어

71 일편단심 一片丹心

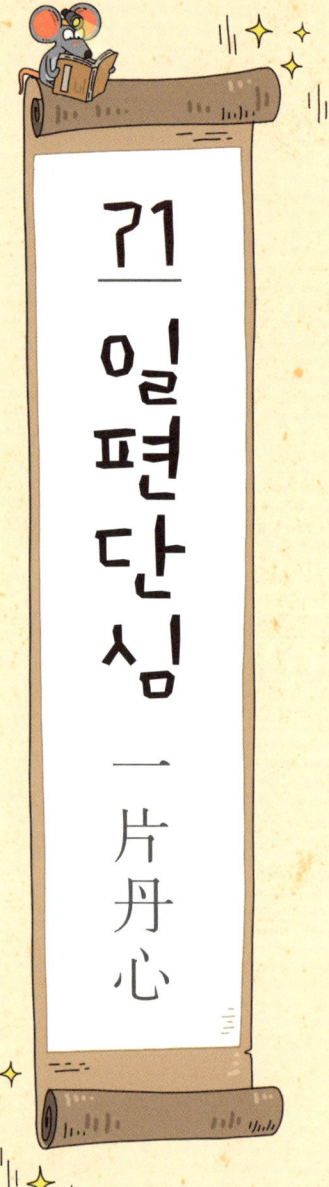

일편단심 : 한 조각 붉은 마음.
한결같이 변하지 않는 마음.

'일편'이 무슨 뜻이에요?

'일一'은 '하나', '편片'은 '조각'이라는 뜻이야. '한 조각'이라는 말이지. '어떤 물건의 쪼개진 작은 한 부분'을 가리키는 거야.

'단심'은 무슨 뜻인가요?

'단丹'은 '붉다', '심心'은 '마음'이라는 뜻이야. '붉은 마음, 정성스러운 마음, 뜨거운 마음'이라고 생각하면 돼. 옛날에는 '뜨거운 충성심'을 가리켰지. '변함없는 굳센 마음'을 의미해.

#오로지 엄마 생각만 했어 #아빠가 서운하대 #일편단심

석가탑에 얽힌 전설

돌을 다듬는 정 소리가 메아리로 울려 퍼졌어. 연못을 들여다보던 아사녀는 이따금 불국사 쪽을 바라보았어. 울창한 소나무 숲에 가려진 불국사 쪽을 보면 언제나 눈물이 흘렀지. 다시 연못을 바라보니 연못을 흐르는 구름 사이로 불국사의 다보탑이 보였어. 그러나 남편 아사달이 쌓고 있다는 석가탑은 보이지 않았지.

눈물을 닦고 다시 들여다보자 아사달의 웃는 얼굴이 얼핏 비쳤어. 아사녀는 너무 반가워 두 팔을 벌리고 달려갔어. 흘러가는 구름이 가슴에 부딪히며 온몸을 휘감았지. 아사녀는 아사달에게 안겨 흐느껴 울었어.

사람들이 달려왔을 때는 물에 비친 불국사 법당과 다보탑의 그림자 속으로 아사녀의 몸이 가라앉고 있었어. 남편을 기다리던 아사녀의 일편단심은 그렇게 전설이 되었어.

고사성어

임기응변 : 그때그때 형편에 맞게 일을 처리한다.

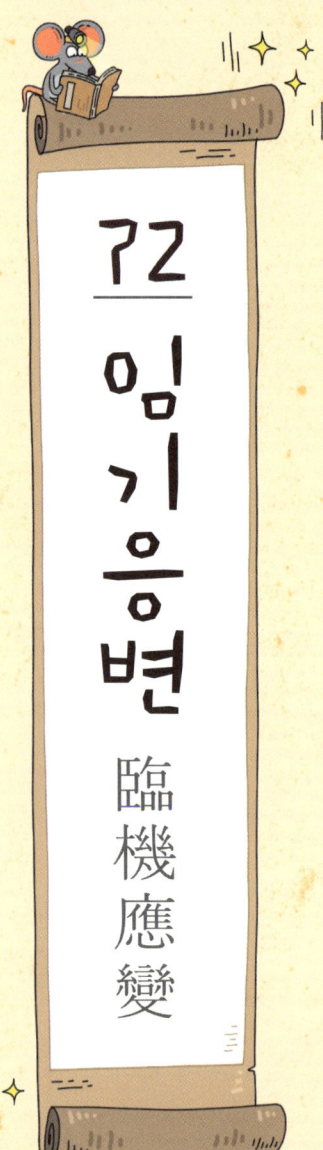

72 임기응변 臨機應變

'임기'가 무슨 뜻이에요?

'임臨'은 '임하다', '기機'는 '틀, 기교, 기회'라는 뜻이야. '어떤 기미에 따라', '움직임에 맞춰'라는 말이지.

'응변'은 무슨 뜻인가요?

'응應'은 '응하다, 대답하다, 맞장구치다', '변變'은 '변하다, 고치다, 움직이다'라는 뜻이야. '형편에 따라 말이나 행동이 바뀐다'라는 말이지.

#센스 있는 사람의 특징 #임기응변

아주 형편없는 시

프랑스의 루이 14세는 시를 좋아했어. 하루는 한 장군에게 자신이 쓴 시를 보여 주었어.

"이 시를 읽고 소감을 말해 주게. 내 생각에는 아주 형편없는 시야."

장군은 루이 14세의 눈치를 살피며 말했어.

"폐하가 보신 대로입니다. 누가 썼는지 모르지만 쓴 사람도 형편없을 것입니다."

"허허, 내 생각도 그렇다네. 그 시는 내가 쓴 것일세."

얼굴이 새파랗게 질린 장군은 쩔쩔매며 말을 바꾸었어.

"폐하, 시를 다시 읽어 보겠습니다. 아까는 대강 훑어봐서……."

루이 14세는 장군의 임기응변이 자신에 대한 절대적인 복종이라 여기며 기뻐했어.

"시는 처음 읽었을 때 느낌이 중요하지. 솔직히 말해 줘서 고맙네."

고사성어 … ㅈ

73 자가당착
自家撞着

자가당착 : 한 사람의 말과 행동이 서로 앞뒤가 맞지 않다.

'자가'가 무슨 뜻이에요?

'자自'는 '스스로', '가家'는 '집'이라는 뜻이야. '자신의 집'이라는 말이지.

'당착'은 무슨 뜻인가요?

'당撞'은 '치다', '착着'은 '붙다'라는 뜻이야. '앞뒤가 맞지 않는다.'라는 말이지. 말이나 행동의 앞뒤가 서로 일치하지 않는다는 '모순'과 같은 의미야.

#다이어트한다는 사람이 초콜릿은 왜? #자가당착

그 창으로 그 방패를 찌르면?

중국 초나라에 창과 방패를 파는 사람이 있었어. 장사꾼은 자신이 파는 무기가 최고라며 이렇게 외쳤지.

"이 창을 보십시오. 이 창은 어떤 방패라도 다 뚫을 수 있습니다. 아무리 좋은 방패도 이 창 앞에서는 종이와 같습니다."

그는 또 방패를 치켜들고 이렇게 외쳤어.

"이 방패를 보십시오. 이 방패는 아무리 좋은 창도 뚫을 수 없습니다. 이 방패 앞에서는 어떤 창도 나무젓가락일 뿐입니다."

그러자 구경꾼 한 사람이 물었어.

"그렇다면 당신의 그 창으로 그 방패를 찌르면 어떻게 됩니까?"

장사꾼은 아무 말도 하지 못했어.

고사성어 … ㅈ

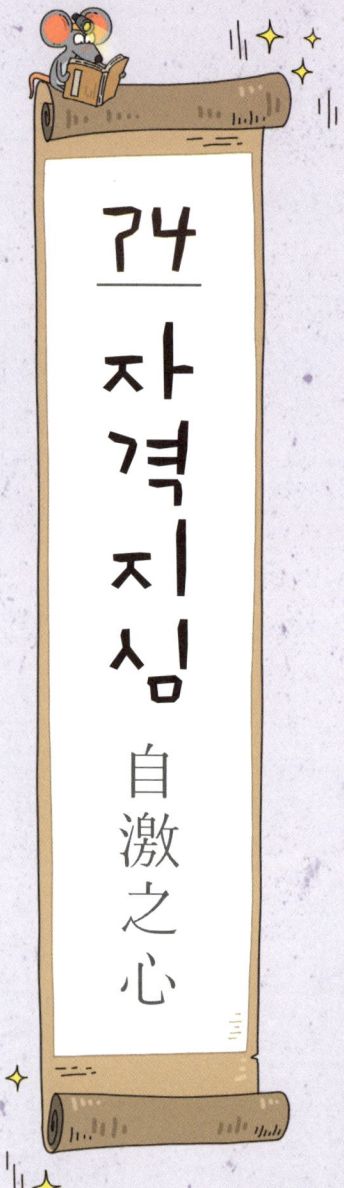

74 자격지심 自激之心

자격지심 : 자기가 한 일에 대해 스스로 부족하다고 여기는 마음.

'자격'이 무슨 뜻이에요?

'자自'는 '스스로', '격激'은 '물결이 부딪쳐 흐르다.'라는 뜻이야. '자신이 한 일에 대해 스스로 미흡하다거나 잘못되었다고 생각한다.'라는 말이지.

'지심'은 무슨 뜻인가요?

'지之'는 어조사 '~의'이고, '심心'은 '마음'이라는 뜻이야. '~의 마음'이라는 말이지. 자기가 한 일을 스스로 칭찬한다는 '자화자찬'과 반대말이라 할 수 있어.

#친구가 외국인과 영어로 대화해 #자격지심

모든 게 탄로 났으니 피해

『셜록 홈스』를 쓴 코난 도일은 엉뚱한 장난을 잘 쳤어. 사회적으로 성공한 친구들을 크게 골탕 먹이기도 했지. 어느 날 코난 도일이 전보를 치는 걸 보고 부인이 물었어.

"무슨 전보를 치는데 그렇게 즐거워하세요?"

"자기는 떳떳하게 산다고 큰소리치는 친구들을 겁 좀 줄 참이에요."

"뭐라고 썼는데요?"

"모든 게 탄로 났으니 빨리 피하라고만 썼지요."

"밑도 끝도 없는 말에 누가 눈이나 깜짝하겠어요?"

"글쎄, 결과는 두고 봐야지요."

다음 날 친구들에게 연락해 보니 모두 집을 나가고 없었어. 자격지심에 모두 몸을 피한 거야.

고사성어 ... ㅈ

75 자승자박
自繩自縛

자승자박 : 자신이 만든 밧줄로 자기 몸을 스스로 묶는다. 자신이 한 말과 행동으로 어려움을 겪는다.

'자승'이 무슨 뜻이에요?

'자自'는 '스스로', '승繩'은 '줄'이라는 뜻이야. '자신이 만든 줄'을 가리키지. 줄은 끈을 말하는데, 가늘고 약한 노끈에서부터 굵고 튼튼한 밧줄까지 모두 끈이야.

'자박'은 무슨 뜻인가요?

'자自'는 '스스로', '박縛'은 '묶다'라는 뜻이야. '자신이 스스로 묶는다.'라는 말이지. 자기가 한 일에 스스로 속박받게 될 때 사용해.

#동생이랑 싸우면 한 달 용돈 안 받기로 했는데 #자승자박

160

먹이를 놓을 순 없어

인도에는 특별한 원숭이 사냥법이 있어. 무엇을 잡으면 놓지 않는 원숭이의 성질을 이용하는 거지. 우선 작은 상자 속에 바나나, 망고, 참외 등의 먹이를 넣고 원숭이 손이 겨우 들어갈 만한 구멍을 뚫어 놔. 그 상자를 밀림에 갖다 놓으면 원숭이들이 와서 먹이를 꺼내려고 구멍으로 손을 넣어. 먹을 것을 욕심껏 잔뜩 움켜쥐고서 손을 빼려고 하면 뺄 수가 없지. 먹이를 움켜쥔 주먹이 작은 구멍을 빠져나올 수 없거든. 손에 쥔 것을 놓으면 되는데, 원숭이는 그걸 몰라. 그래서 꼼짝없이 붙들리고 마는 거야. '자승자박'이라고 할 수 있지.

고사성어 … ㅈ

76 자화자찬 自畫自讚

자화자찬 : 자기가 그린 그림을 스스로 칭찬한다. 자기가 한 일을 스스로 칭찬한다.

'자화'가 무슨 뜻이에요?

'자自'는 '스스로', '화畫'는 '그림'이라는 뜻이야. '자신이 그린 그림'이라는 말이지.

'자찬'은 무슨 뜻인가요?

'자自'는 '스스로', '찬讚'은 '기리다'라는 뜻이야. '자기 스스로 잘한다고 하거나 훌륭하다고 칭찬한다.'라는 말이지.

#우리 반에서 노래는 내가 일등 #자화자찬

나라면 10파운드로

『허클베리 핀의 모험』은 미국 사회의 위선을 풍자하고 인종 문제를 비판한 명작으로 인기가 높았어. 이 책을 쓴 마크 트웨인이 여행 중에 한 신사를 만났지. 그는 거드름을 피우며 마크 트웨인에게 말했어.

"트웨인 씨, 만약에 말입니다. 내게서 『허클베리 핀의 모험』을 읽은 기억을 싹 지워 준다면 10파운드를 줄 용의가 있습니다."

마크 트웨인이 어리둥절해하자 신사는 한마디 덧붙였어.

"그래서 내가 그 책을 처음부터 다시 읽는 즐거움을 누릴 수 있게 말이오."

"나라면 그 책을 다시 읽지 않고 10파운드로 다른 책을 사겠소. 내가 또 쓰게 될 소설책 말이오."

마크 트웨인은 은근히 '자화자찬'을 한 것이지.

고사성어 … ㅈ

77 장유유서 長幼有序

장유유서 : 어른과 아이 사이에는 차례와 질서가 있어야 한다.

'장유'가 무슨 뜻이에요?

'장長'은 '어른', '유幼'는 '아이'라는 뜻이야. 어른과 아이, 나이가 많은 사람과 나이가 어린 사람을 하나로 묶어 이르는 말이야.

'유서'는 무슨 뜻인가요?

'유有'는 '있다', '서序'는 '차례'라는 뜻이야. '차례가 있다.'라는 말이지. 옛날에는 어른이 먼저 수저를 들어야 아이가 밥을 먹기 시작했고, 어른이 먼저 수저를 내려놓아야 아이도 식사를 끝냈어. 무엇이든 차례에서 어른이 먼저였지.

#어른에겐 어른 대접 #동생에겐 동생 대접 #장유유서

찬물에도 순서가 있는데

신라의 한 임금이 신하들과 사냥을 나갔어.
"여봐라, 어디 가서 시원한 물 좀 가져오너라."
임금의 명에 신하들이 계곡으로 내려갔지. 그중 가장 나이 어린 신하가 물을 찾았어. 그런데 자신도 목이 말랐던 터라 얼른 표주박으로 물을 떠서 한 모금 마셨지. 시원해서 한 모금 더 마시려는데, 표주박이 입에 붙어 떨어지지 않는 거야.
"어이쿠, 이를 어째!"
아무리 애를 써도 안 되자 표주박을 입에 달고 다른 신하를 찾았어.
"죄송합니다. 하도 목이 말라 제가 먼저 물을 마셨더니……."
"아무리 목이 말라도 그렇지. 찬물에도 순서가 있거늘."

고사성어 … ㅈ

78 적반하장 賊反荷杖

적반하장: 도둑이 도리어 몽둥이를 든다.
잘못한 사람이 오히려 잘한 사람을 나무란다.

'적반'이 무슨 뜻이에요?

'적賊'은 '도둑', '반反'은 '뒤집다'라는 뜻이야. '도둑이 도리어 뒤집는다.'라는 말이지. 자신이 도둑이면서 도둑이 아닌 척 거짓 행동을 하는 것을 의미해.

'하장'은 무슨 뜻인가요?

'하荷'는 '꾸짖다', '장杖'은 '지팡이'라는 뜻이야. '지팡이를 들어 꾸짖는다.'라는 말이지. 옛날 어른들은 잘못을 나무랄 때 갖고 다니는 지팡이를 휘두르기도 했어. 그래서 생긴 말이야.

#방귀 뀐 놈이 성낸다더니 #적반하장

대체 누가 도둑이야?

어느 날 밤에 도둑이 들었어. 곳간에서 돈궤를 찾느라 덜컹거리는 소리를 듣고 주인이 잠에서 깼지. 그때 검은 그림자가 곳간에서 튀어나왔어.
"누구냐? 거기서 뭐 하는 거야?"
도둑은 곳간에 있는 절굿공이를 들고 주인에게 달려들었어. 깜짝 놀란 주인은 밖으로 달아났지. 이웃집 청년이 달려왔는데, 어두워서 누가 주인이고 누가 도둑인지 구별할 수가 없었어. 그때 도둑이 소리쳤지.
"저놈이 도둑이야! 어서 잡아."
어두워서 구분을 할 수 없었던 청년은 쫓기고 있는 주인을 붙잡았어. 그 사이에 도둑은 달아나 버렸대.

고사성어 … ㅈ

79 정중지와 井中之蛙

정중지와 : 우물 안 개구리.
아는 것과 경험이 적어 세상 이치를 모른다.

'정중'이 무슨 뜻이에요?

'정井'은 '우물', '중中'은 '가운데'라는 뜻이야. '우물 속, 우물 안'이라는 말이지. 우물 안에서는 사방이 벽으로 막혀 우물 넓이만큼의 좁고 동그란 하늘만 보게 돼. 즉 '좁은 세상'을 의미해.

'지와'는 무슨 뜻인가요?

'지之'는 어조사 '~의'이고, '와蛙'는 '개구리'라는 뜻이야. '~의 개구리'라는 말이지. 결국 '정중지와'는 알고 있는 지식과 경험이 매우 적어 세상의 이치를 모른다는 의미야.

#바늘구멍으로 하늘을 본다고? #정중지와

강에서 나와 바다를 보니

황허강의 신 하백이 강을 따라 바다에 갔어. 끝없이 펼쳐진 바다를 보고 북해의 신 약에게 물었지.

"이제껏 황허강이 제일 넓은 줄 알았는데, 바다를 보니 넓은 것 위에 더 넓은 것이 있다는 걸 알았습니다. 백 가지의 도를 알고 천하에서 자기가 제일 잘난 줄 안다는 속담이 있는데, 나를 두고 한 말 같습니다."

"우물 안 개구리가 바다를 말할 수 없는 것은 그가 사는 곳에만 사로잡혀 있기 때문이고, 여름 벌레가 얼음을 모르는 것은 그들이 사는 계절만 믿기 때문이지요."

그러면서 약은 이제 자신의 부족함을 알았으니 함께 진리를 말할 수 있겠다고 하백을 칭찬했지. 이것은 『장자』에 나오는 이야기야.

80 조삼모사 朝三暮四

조삼모사 : 원숭이에게 아침에는 세 개, 저녁에는 네 개의 도토리를 준다. 간사한 꾀를 써서 남을 속인다.

'조삼'이 무슨 뜻이에요?

'조朝'는 '아침', '삼三'은 '셋'이라는 뜻이야. '아침에 세 개'라는 말이지.

'모사'는 무슨 뜻인가요?

'모暮'는 '저녁', '사四'는 '넷'이라는 뜻이야. '저녁에는 네 개'라는 말이지. '아침에 세 개, 저녁에 네 개'나 '아침에 네 개, 저녁에 세 개'는 똑같은 양인데 아침에 받는 양이 늘어난다고 생각한 원숭이의 단순함을 비웃는 말이야.

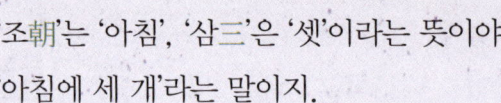

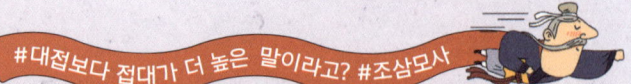

#대접보다 접대가 더 높은 말이라고? #조삼모사

아침에 네 개, 저녁에 세 개는 좋아

송나라에 사는 저공은 원숭이를 무척 좋아했어. 많은 원숭이를 키우다 보니 날이 갈수록 살림이 어려워졌지. 저공은 자신이 먹을 것까지 아껴 가며 먹이를 주었지만, 원숭이들은 만족하지 못했어. 어느 날 저공은 원숭이들에게 앞으로 먹이를 줄이겠다고 말했어.
"앞으로는 도토리를 아침에 세 개, 저녁에 네 개씩 주겠다."
이 말을 들은 원숭이들은 절대 받아들일 수 없다고 반발했어. 그래서 한참을 고민한 저공이 "그럼 아침에 네 개, 저녁에 세 개씩 주겠다."라고 했지. 그랬더니 원숭이들이 손뼉을 치며 좋아했어. 결과적으로는 똑같은데 어리석은 원숭이들이 잔꾀에 넘어간 거지.

고사성어 … ㅈ

81 중구난방 衆口難防

중구난방 : 여러 사람의 입을 막기 어렵다. 많은 사람이 각각 의견을 내어 하나로 모아지지 않는다.

'중구'가 무슨 뜻이에요?

'중衆'은 '무리', '구口'는 '입'이라는 뜻이야. '많은 입, 여러 사람의 입, 여러 사람의 말'을 말하지. 많은 사람이 각각 제 생각대로 떠든다는 의미야.

'난방'은 무슨 뜻인가요?

'난難'은 '어렵다', '방防'은 '막다'라는 뜻이야. '막아 내기 어렵다.'라는 말이지. 결국 '중구난방'은 막기 어려울 정도로 여러 사람이 마구 지껄인다는 의미야.

#선생님 없는 회의 시간 #다들 한마디씩 #중구난방

백성들의 입을 막아서는 안 됩니다

주나라의 여왕은 백성들의 입을 막기 위해 함구령을 내렸어. 여자 임금이 아니라 이름이 여왕이야. 어느 날 소공이라는 신하가 말했어.

"백성들의 입을 막는 것은 흐르는 냇물을 막는 것보다 더한 것입니다. 냇물이 막혔다가 터지면 어떻게 되겠습니까? 논밭이 쓸려 가고 사람들도 다치게 됩니다. 내를 다스리는 사람은 자연스럽게 물이 흐르도록 해야 합니다. 백성을 다스리는 것도 마찬가지입니다. 백성들이 각자의 생각을 말할 수 있도록 해야 합니다."

그러나 여왕은 소공의 말을 듣지 않았고, 결국 백성들은 폭동을 일으켰지. 여왕은 황허강을 넘어 달아났고, 이때부터 왕은 없고 소목공과 주정공 두 재상이 나라를 다스렸대.

고사성어 … ㅈ

82 지록위마
指鹿爲馬

지록위마 : 사슴을 가리켜 말이라 한다. 거짓된 행동으로 윗사람을 농락하고 권세를 휘두른다.

'지록'이 무슨 뜻이에요?

'지指'는 '손가락', '록鹿'은 '사슴'이라는 뜻이야. '손가락으로 사슴을 가리킨다.'라는 말이지.

'위마'는 무슨 뜻인가요?

'위爲'는 '하다', '마馬'는 '말'이라는 뜻이야. '말이라고 하다.'라는 말이지. 결국 '지록위마'는 사슴을 가리키면서 말이라고 한다는 의미야.

#도마뱀이 공룡이라고? #우길 걸 우겨 #지록위마

이것은 말이오, 사슴이오?

진나라 시황제는 자신이 통일한 영토를 돌아보다 죽음을 맞았어. 그때 장남 부소에게 '군사는 몽념 장군에게 맡기고 함양에서 나의 장사를 지내도록 하라.'는 유서를 남겼지. 그 유서를 갖고 있던 환관 조고는 둘째 아들 호해를 황제로 세우고, 부소와 몽념에게는 자결하라는 거짓 유서를 주었어. 승상이 된 조고는 결국 황제 자리까지 노렸지. 그래서 신하들을 시험하기 위해 사슴을 황제에게 바치면서 말했어.
"이것은 말이옵니다."
"승상이 잘못 본 것이오. 이것은 사슴이오."
조고가 대신들을 둘러보며 의견을 묻자, 어떤 사람은 사슴이라 하고, 어떤 사람은 말이라고 했지. 그 뒤 조고는 사슴이라고 대답한 사람들을 처형해 버렸어. 여기에서 '지록위마'란 말이 생겼어.

고사성어 … ㅊ

83 철두철미 徹頭徹尾

철두철미 : 머리에서 꼬리까지 통한다.
처음부터 끝까지 철저하다.

'철두'가 무슨 뜻이에요?

'철徹'은 '통하다', '두頭'는 '머리'라는 뜻이야. '머리까지 통한다.'라는 말이지.

'철미'는 무슨 뜻인가요?

'철徹'은 '통하다', '미尾'는 '꼬리'라는 뜻이야. '꼬리까지 통한다.'라는 말이지. 결국 '철두철미'는 머리부터 꼬리까지 다 통한다는 거니까 '처음부터 끝까지 모두 철저하게'라는 의미야.

#내일 비 온대서 비옷에 우산, 장화까지 준비 #철두철미

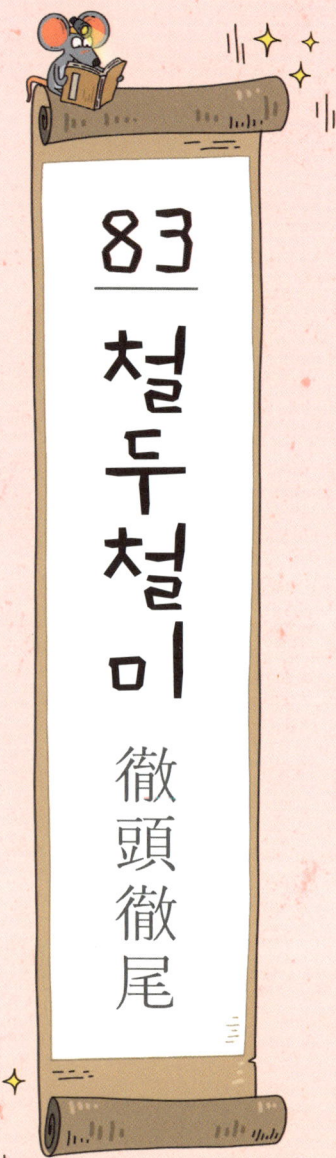

내가 알고 신전이 알지

아테네의 페이디아스는 아크로폴리스에 있는 파르테논 신전에 세울 아테나 여신상의 조각을 부탁받았어. 파르테논 신전은 그리스 신전 중 으뜸이고, 아테나 신은 그리스 신화에 나오는 지혜의 신이어서 대단한 작업이었지. 페이디아스는 조각상의 전체 모습을 잡아 놓고도 계속 고민했어. 사람들은 페이디아스에게 무엇이 고민이냐고 물었지.
"머리 뒷부분의 머리카락을 어떻게 하면 좋을지 고민이야."
"아테나 여신상은 사람 키의 수십 배나 되는데, 뒷머리를 어떻게 조각했는지 누가 알겠어요?"
그러자 철두철미한 페이디아스가 말했어.
"내가 알고, 신전이 알고, 아테나 여신도 알지."

고사성어 … ㅊ

84 청출어람 青出於藍

청출어람 : 푸른색은 쪽에서 나왔지만 쪽빛보다 더 푸르다. 제자가 스승보다 훌륭하다.

'청출'이 무슨 뜻이에요?

'청青'은 '푸르다', '출出'은 '나다'라는 뜻이야. '푸른색이 나온다.'라는 말이지.

'어람'은 무슨 뜻인가요?

'어於'는 어조사 '~에서'이고, '람藍'은 '쪽, 남빛'이라는 뜻이야. 쪽은 풀이름인데, 옛날에는 그 잎을 찧어 옷감에 푸른 물을 들이는 데 사용했대.

#내 붓글씨 실력이 선생님보다 낫대 #청출어람

스승보다 더 훌륭해지려면

"학문은 잠시도 쉬어서는 안 된다. 푸른색은 쪽이라는 풀에서 나오지만 쪽보다 더 푸르고, 얼음은 물이 만들지만 물보다 훨씬 차다."

학문에 뜻을 두었다면 잠시도 게을리하지 말고 꾸준히 노력하여 스승보다 더 나아져야 한다는 순자의 가르침이야.

쪽이라는 풀을 찧어 파란 물을 들이기까지는 많은 노력을 기울여야 해. 학문도 스승의 것을 나의 것으로 만들고, 스승보다 더 훌륭해지려면 아주 많은 노력을 해야 하지. 어릴 때는 모든 것을 스승에게 배우지만, 더욱 힘써 나아가면 스승보다 더 높은 학문을 쌓을 수 있다는 뜻이야.

고사성어 … ㅊ

85 촌철살인 寸鐵殺人

촌철살인 : 작은 쇠붙이로 사람을 죽인다.
짧은 말로 큰 감동을 준다.

'촌철'이 무슨 뜻이에요?

'촌寸'은 '마디', '철鐵'은 '쇠'라는 뜻이야. '조그만 쇠토막'을 말하지. 토막은 여러 개로 잘라 낸 것 가운데 하나를 뜻하니까 아주 작은 부분이지. '매우 작은 쇠토막'이라는 의미야.

'살인'은 무슨 뜻인가요?

'살殺'은 '죽이다', '인人'은 '사람'이라는 뜻이야. '사람을 죽인다.'라는 말이지.

#장황한 설명을 한마디로 정리 #촌철살인

검소령에 부칙을 달았더니

13세기 무렵 유럽의 귀족들은 화려한 치장을 즐겼어. 가문과 직책을 나타내는 문장, 부와 지위를 과시하는 장식, 나라에 공을 세우고 받은 훈장이 자신을 돋보이게 한다고 생각했지. 영국의 왕 헨리 3세는 지나치게 화려한 귀족들의 옷차림이 눈에 거슬렸어. 그래서 값비싼 보석이나 장식품으로 요란하게 꾸미는 것을 금지한다는 검소령을 내렸어. 하지만 명령은 지켜지지 않았어. 고심 끝에 헨리 3세는 검소령에 부칙을 하나 덧붙였어.

"단, 매춘부나 도둑놈은 이 법령을 안 지켜도 된다."

부칙의 효과는 엄청났어. 귀족은 물론이고 국민들까지 옷차림이 검소해진 거야. 자존심 강한 영국 사람들에게 부칙이 촌철살인이 된 거지.

고사성어 … ㅊ

86 침소봉대 針小棒大

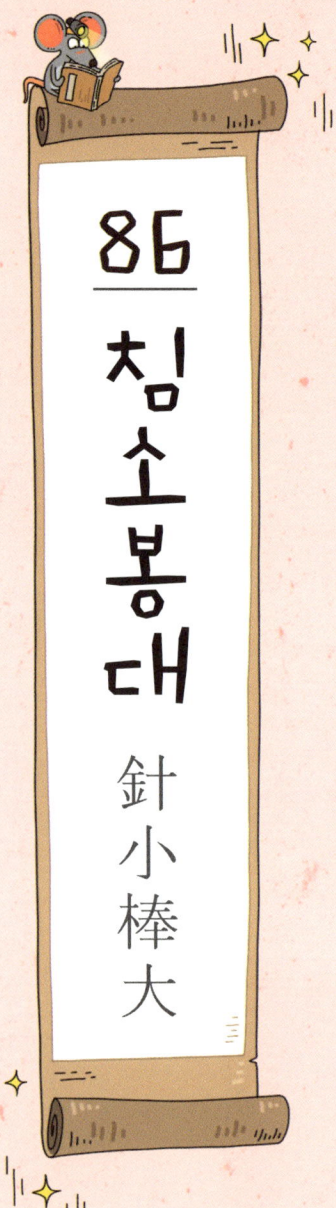

침소봉대 : 바늘만큼 작은 것을 몽둥이처럼 크다고 한다. 작은 일을 크게 부풀려 말한다.

'침소'가 무슨 뜻이에요?

'침針'은 '바늘', '소小'는 '작다'라는 뜻이야. '바늘만큼 작다.'라는 말이지. 바늘은 본디 가늘고 작은 것인데, 거기에 작을 '소' 자가 붙었으니 '매우 작은 바늘'을 의미해.

'봉대'는 무슨 뜻인가요?

'봉棒'은 '몽둥이', '대大'는 '크다'라는 뜻이야. '큰 몽둥이' 또는 '몽둥이만큼 크다.'라는 말이지. 몽둥이라면 큰 것이 당연한데 거기에 큰 '대' 자가 붙었으니, '아주 큰 몽둥이'라는 의미야.

#동생 허풍은 아무도 못 말려 #침소봉대

새끼 용을 봤다니까

한 아이가 밤눈이 어두워 해만 지면 꼼짝을 못 했어. 아버지는 영양실조라며 개구리를 잡아다 구워 주었지. 형을 걱정한 동생도 개구리를 잡으러 다녔어. 그러던 어느 날 동생이 헐레벌떡 뛰어왔어. 새끼 용이 나타났다는 거야.

"아직 뿔은 안 났지만 머리가 몸통보다 크고 사람 팔 모양인 앞다리가 두 개였어."

"용은 세상에 없어."

"내가 봤다니까. 아직 있을지 모르니 같이 가 봐."

동생을 따라 달려가 보니 뱀이 개구리를 물고 논둑에 엎드려 있었어. 뱀의 입에 물린 개구리는 두 개의 앞다리로 땅을 짚은 채 눈만 멀뚱거리고 있었어. 그 모양이 꼭 뱀의 앞다리 같았지. 동생의 생각이 순간적으로 침소봉대가 되어 그 모습을 용이라고 생각한 거야.

고사성어 ... ㅌ

87 타산지석 他山之石

타산지석 : 다른 산의 돌. 다른 사람의 말과 행동이 나에게 큰 교훈이 될 수 있다.

'타산'이 무슨 뜻이에요?

'타他'는 '다르다', '산山'은 '메, 산'이라는 뜻이야. '다른 산'이란 말이지.

'지석'은 무슨 뜻인가요?

'지之'는 어조사 '~의'이고, '석石'은 '돌'을 뜻해. '~의 돌'이라는 말이지. 『시경』에 나오는 말인데, 남의 산에 있는 돌이라도 나에게는 옥을 다듬는 데 중요하게 쓰일 수 있다는 말이야. '보잘것없는 물건도 다른 중요한 일을 하는 데 요긴하게 쓰일 수 있다.'라는 의미야.

#게임만 한다고 혼나는 형 #그래서 난 가끔 책을 읽어 #타산지석

석불의 머리를 붙이는 방법

논산 관촉사의 은진미륵은 우리나라에서 가장 큰 석불이야. 고려 때 혜명 스님이 100명의 석공을 데리고 38년간 돌을 다듬었지. 불상이 얼마나 컸는지 몸통과 머리를 따로 다듬었어. 그런데 몸통은 세웠는데 머리를 올릴 수 없는 거야. 스님은 도움을 청하려고 마을로 내려갔어.

냇가를 지나던 스님은 걸음을 딱 멈추었어. 두 아이가 진흙으로 불상을 만들며 놀고 있었는데, 각기 따로 만든 몸통과 머리를 붙이고 있는 거야. 한 아이가 몸통을 세우자 다른 아이가 그것을 모래로 파묻고 머리를 굴려 올렸지. 스님은 정신이 번쩍 들었어. 그 길로 관촉사로 달려간 혜명 스님은 미륵의 몸통을 흙으로 파묻고 머리를 올려붙일 수 있었어. 미륵불을 완성한 뒤 냇가로 갔더니 두 아이는 물론이고 놀던 흔적도 없었대.

고사성어 … ㅌ

88 태연자약 泰然自若

태연자약 : 어떤 자극이 주어져도 흔들리지 않는다. 어떤 일이 있어도 흔들리거나 두려워하는 일이 없다.

'태연'이 무슨 뜻이에요?

'태泰'는 '크다', '연然'은 '그러하다, 틀림이 없다.'라는 뜻이야. '평소와 다름없다.', '아무렇지도 않다.'라는 말이지. 몸과 마음에 크게 충격이 될 만한 일이 있어도 조금도 흔들리지 않고 보통 때와 같은 상태를 가리켜.

'자약'은 무슨 뜻인가요?

'자自'는 '스스로', '몸소', '저절로', '약若'은 '같다'라는 뜻이야. '아무런 흔들림이 없이 평소와 똑같다.'라는 말이지.

#황소는 천둥이 쳐도 멀뚱멀뚱 #태연자약

좀 조용히 해 주게

사형 선고를 받은 소크라테스가 독약을 마시기 직전이었어.
"헤어질 때가 왔구나. 나는 죽음의 길로, 여러분은 삶의 길로. 어느 쪽이 좋은지는 신만이 알겠지."
그러고는 조용히 제자들을 돌아보며 독약을 마셨어. 모두가 눈물을 흘리자 소크라테스는 태연자약하게 말했어.
"왜 우는 거지? 참으로 못난 사람들이군. 좀 조용히 해 주게."
독약이 온몸으로 퍼지자 소크라테스는 자리에 누우며 친구 크리톤에게 부탁했어.
"크리톤! 내가 아스클레피오스에게 닭 한 마리 빚진 게 있네. 자네가 대신 갚아 주게."
소크라테스는 그렇게 말한 뒤 숨을 거두었어.

고사성어 … ㅌ

89 토사구팽 兎死狗烹

토사구팽 : 토끼 사냥이 끝나면 사냥개를 삶아 먹는다. 필요할 때 써먹고 쓸모없어지면 버린다.

'토사'가 무슨 뜻이에요?

'토兎'는 '토끼', '사死'는 '죽다'라는 뜻이야. '토끼가 죽는다.'라는 말이지. 토끼가 병이 들거나 어떤 사고로 죽는 것이 아니라 사람들의 사냥으로 죽는 것을 의미해.

'구팽'은 무슨 뜻인가요?

'구狗'는 '개', '팽烹'은 '삶다, 삶아서 죽이다'라는 뜻이야. '개를 잡아먹는다.'라는 말이지. '토끼 사냥이 끝나고 쓸모없어지면 충성스러운 사냥개도 잡아먹는다.'라는 의미야.

#토끼 사냥 뒤에 사냥개를 잡아먹는다고? #토사구팽

온 힘을 다해 충성했더니

중국 한나라 유방은 한신의 도움을 받아 천하를 통일했어. 하지만 유방은 한신 밑에 있는 장군 종리매를 두려워했어. 지난날 유방이 항우와의 싸움에서 여러 번 졌는데, 모두 종리매 때문이었거든. 그래서 유방은 종리매를 없앨 궁리를 했어. 이것을 알게 된 한신은 유방에게 잘 보이려고 종리매의 목을 바쳤어. 그런데 유방은 한신을 반역자로 몰아 죽이려 했지 뭐야. 한신은 너무 분해서 소리쳤지.

"토끼 사냥을 도우며 주인에게 충실했던 사냥개를 삶아 먹듯이, 온 힘을 다해 한나라를 섬긴 나를 유방이 죽이려 하는구나."

결국 죽이지 않고 좌천시켰지만, 한신은 '토사구팽'의 주인공이 된 거야.

고사성어 … Ⅱ

90 파죽지세 破竹之勢

파죽지세 : 대나무를 쪼개는 기세.
적을 거침없이 물리치고 쳐들어가는 기세.

'파죽'이 무슨 뜻이에요?

'파破'는 '깨뜨리다', '죽竹'은 '대나무'라는 뜻이야. '대나무를 깨뜨린다.'라는 말이지. 대나무는 속이 비어 있어서 한쪽 끝이 조금만 쪼개져도 아래쪽은 따라서 갈라지기 때문에 나온 말이야.

'지세'는 무슨 뜻인가요?

'지之'는 어조사 '~같은'이고, '세勢'는 '기세'라는 뜻이야. '~같은 기세'라는 말이지. 결국 '파죽지세'는 대나무를 쪼개는 것 같은 기세로 단숨에 거침없이 밀고 들어간다는 의미야.

#불어난 강물이 다리를 삼켜 버렸어 #파죽지세

사기가 올랐을 때 단숨에 공격해야

중국 한나라의 사령관이었던 두예는 20만 명의 군사를 이끌고 오나라를 공격했어. 두예는 전열을 정비하면서 참모들과 작전 계획을 상의했어. 그때 한 장수가 곧 장마철이 되면 강물이 넘치고 전염병이 돌 거라며 공격을 가을로 늦추자고 했지. 하지만 두예는 딱 잘라 말했어.

"지금 군사들의 사기는 하늘을 찌를 듯하다. 이는 마치 대나무를 쪼개는 것과 같다. 대나무는 한두 마디만 쪼개면 그다음은 저절로 쪼개지니 손 댈 곳도 없게 된다."

두예는 오나라의 도읍을 공격해 단숨에 함락시켰어. 한나라는 파죽지세로 천하를 통일했지.

고사성어 … ㅎ

91 학수고대
鶴首苦待

학수고대 : 학처럼 머리를 빼고 기다린다. 몹시 기다린다.

'학수'가 무슨 뜻이에요?

'학鶴'은 '학', '수首'는 '머리'라는 뜻이야. '학의 머리'를 말하지. 목을 길게 빼고 둘레를 살피는 모습이 누구를 기다리는 것만 같아 몹시 기다리는 것을 나타내는 말이 되었어.

'고대'는 무슨 뜻인가요?

'고苦'는 '쓰다, 괴롭다', '대待'는 '기다리다'라는 뜻이야. '몹시 애태우며 바란다.'라는 말이지. 목을 길게 빼고 먼 곳을 살피는 모습을 머릿속으로 그려 봐. 누군가를 애타게 기다리고 있는 것 같지 않니?

#손꼽아 기다린 설날 #꼭 세뱃돈 때문은 아니야 #학수고대

대체 어디서 헤매고 있을까?

법주사는 옛날부터 아주 큰 절이었어. 동지가 되면 신자들이 구름처럼 모여들었지. 팥죽을 쑤는 솥도 세상에서 제일 큰 가마솥이었어. 얼마나 컸냐고? 처음 팥죽을 쑬 때 사람들이 배를 타고 솥으로 들어가 저을 정도였지. 팥죽이 끓는 동안 눈지 않게 저으면 거센 파도가 되고, 피어오르는 김이 앞을 가려 배는 길을 잃고 말았어. 배에 탄 이들이 밖으로 나오려 해도 파도와 짙은 안개로 방향을 잡을 수가 없었지.

솥에 불을 지피던 사람들과 팥죽을 먹으려는 신자들은 팥죽을 저으러 솥에 들어간 사람들을 학수고대했어. 하지만 가마솥의 어디쯤에서 헤매고 있는지 1,500년이 지난 지금까지도 돌아오지 않고 있단다.

고사성어 … ㅎ

92 한단지몽 邯鄲之夢

한단지몽 : 한단에서 꾼 꿈.
인생의 덧없음을 꿈에 비유한 말.

'한단'이 무슨 뜻이에요?

'한단邯鄲'은 전국 시대 조나라의 수도였던 곳이야. 그래서 그 지역의 정치, 경제, 문화의 중심지였지.

'지몽'은 무슨 뜻인가요?

'지之'는 어조사 '~의'이고, '몽夢'은 '꿈'이라는 뜻이야. '~의 꿈'이라는 말이지. 결국 '한단지몽'은 한단에서 꾸게 된 꿈을 의미해.

#인생이 꿈이라면 #공부는 안 할 거야 #한단지몽

사람 사는 일이 한바탕 꿈인지도 몰라

중국 당나라 현종 때였어. 도사 여옹이 주막에서 쉬고 있는데 청년 노생이 한 번만이라도 잘살아 보고 싶다고 한탄했어. 노생이 하품을 하자 여옹이 베개를 내주며 한잠 자라고 했지. 양쪽에 구멍이 있는 베개였는데, 노생이 잠들자 그 구멍이 커지면서 대궐 같은 집이 나타나지 뭐야.

노생은 그 집에 들어가 결혼도 하고 시험에 합격하여 높은 관리도 되었어. 그래서 호화로운 생활을 했지. 그렇게 50년 동안 여러 명의 아들과 손자를 두고 부귀영화를 누렸어. 마지막에는 황제가 보낸 명의의 보살핌 속에서 죽음을 맞았지. 그 순간 노생은 잠에서 깨어났어.

"모든 게 꿈이었구나."

여옹이 웃으며 "인생이란 그런 거라네."라고 말했어.

고사성어 … ㅎ

93 형설지공 螢雪之功

형설지공 : 반딧불과 눈빛으로 공부하여 이룬 공. 어려움을 이겨 내고 공부하여 얻는 보람.

'형설'이 무슨 뜻이에요?

'형螢'은 '반딧불이'로, 꽁무니에 반짝이는 빛을 달고 밤하늘을 날아다니는 곤충이야. '설雪'은 '눈'을 뜻하지.

'지공'은 무슨 뜻인가요?

'지之'는 어조사 '~의'이고, '공功'은 '공, 공로'라는 뜻이야. '~의 공'이라는 말이지. 결국 '형설지공'은 반딧불과 눈빛으로 공부하여 이루어 낸 성공이라는 의미야.

#반딧불에 책을 보고 장원급제 #형설지공

가난을 이겨 내고 성공하다

중국 진나라의 손강은 어릴 때 집이 가난하여 불을 켤 기름을 살 수 없었어. 그래서 겨울이면 눈빛으로 비춰 가며 책을 읽었지. 그런 노력 끝에 어사대부라는 높은 벼슬자리까지 올랐어.

동진의 차윤이라는 사람도 아주 가난했어. 그래서 여름이면 반딧불이를 잡아 비단 주머니에 담아서 그 빛으로 공부를 했지. 차윤은 마침내 이부 상서라는 관직에 올랐어. 그 뒤 사람들은 가난을 이겨 내고 성공한 보람을 가리켜 '형설지공'이라고 했단다.

고사성어 … ㅎ

형우제공 : 형제간에 우애가 깊다.

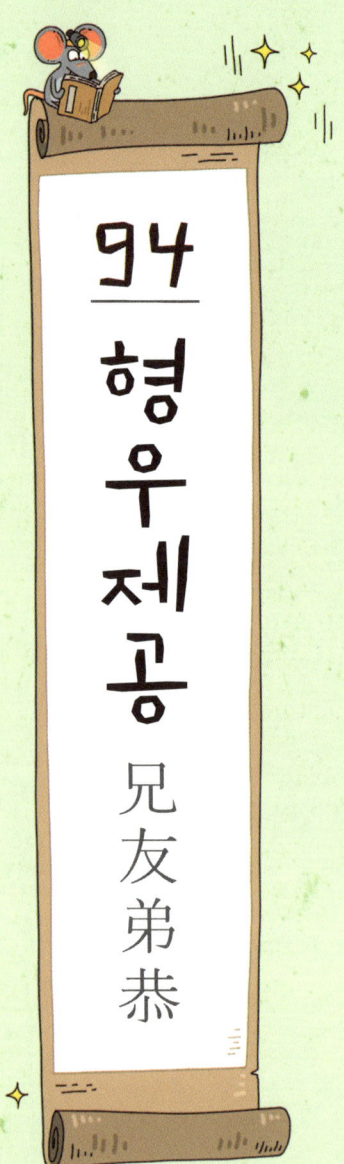

94 형우제공 兄友弟恭

'형우'가 무슨 뜻이에요?

'형兄'은 '형, 맏이', '우友'는 '우애'라는 뜻이야. '형으로서 우애를 다한다.'라는 말이지. 사랑은 물처럼 위에서 아래로 흘러내려. 스승은 제자를 사랑하고, 부모는 자식을 사랑하고, 형은 동생을 사랑하는 거야. 이런 형의 사랑을 '형우'라고 해.

'제공'은 무슨 뜻인가요?

'제弟'는 '아우, 나이 어린 사람', '공恭'은 '공손하다'라는 뜻이야. '아우는 공손해야 한다.'라는 말이지. 형을 존경하고 잘 따르는 착한 아우가 되라는 의미야.

#동생이랑 이틀째 안 싸움 #기적이야 #형우제공

볏단으로 나눈 형제애

고려 시대 충청남도 예산에 '형우제공'이 남다른 이성만과 이순 형제가 살았어. 동생은 추수가 끝나자 '형은 부모님을 모시니까 쌀이 넉넉해야 돼.'라며 형의 논에 볏단을 몰래 갖다 놓았어. 또 형은 '나보다 동생이 더 잘 살아야 해.'라며 동생 논에 볏단을 갖다 놓았지.

이튿날 논에 나간 형제는 깜짝 놀랐어.

"볏단을 형님에게 나눠 줬는데 웬일이지?"

"분명히 동생에게 주었는데 그대로네?"

다음 날도, 그다음 날도 몰래 볏단을 옮겼지만 아침에 보면 그대로인 거야. 셋째 날 밤, 볏단을 들고 가는 길에 마주친 형제는 서로를 부둥켜안고 울었지. 이 일을 기려 '이성만형제효제비'가 세워졌고, 지금도 예산에서는 매년 '의좋은 형제 축제'가 열리고 있어.

고사성어 … ㅎ

95 호가호위 狐假虎威

호가호위 : 여우가 호랑이의 위엄을 빌려 잘난 체한다.
남의 권세에 빌붙어 거들먹거리는 태도를 비웃는 말.

'호가'가 무슨 뜻이에요?

'호狐'는 '여우', '가假'는 '거짓'이라는 뜻이야. '여우의 거짓'이라는 말이지. 옛날이야기에서 여우는 주로 잔꾀로 살아가는 교활한 짐승으로 나와. 여기서도 남을 속이려고 거짓된 행동을 하는 것으로 표현됐어.

'호위'는 무슨 뜻인가요?

'호虎'는 '호랑이', '위威'는 '위엄, 힘'이라는 뜻이야. '호랑이의 위엄'이라는 말이지. 맹수 중 으뜸인 호랑이의 위엄이니, 대단한 위세를 말하는 거야.

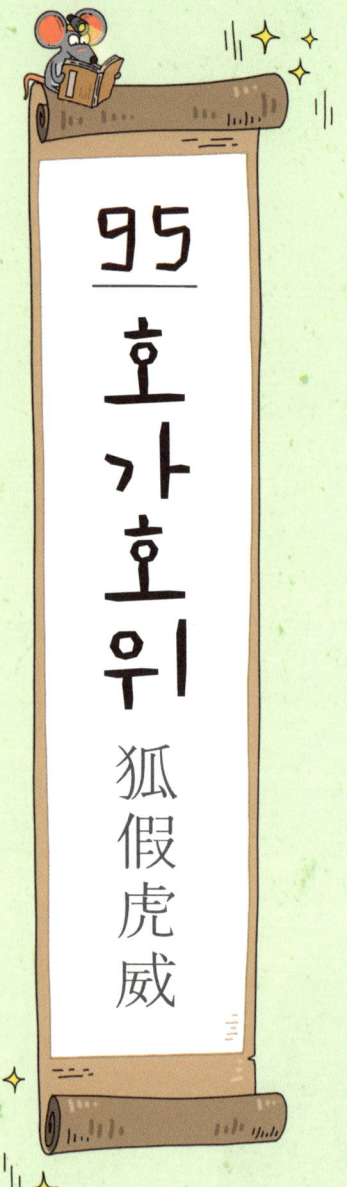

#너희 아빠가 박사지 네가 박사냐? #호가호위

감히 짐승들의 왕을 잡아먹겠다니

중국 초나라에 소해휼이라는 재상이 있었는데, 이웃 나라들이 모두 두려워했어. 왕이 신하들에게 그 이유를 묻자 한 신하가 호랑이와 여우 이야기를 했어. 호랑이에게 잡힌 여우가 살기 위해 이런 잔꾀를 부렸다는 거야.

"네가 큰 실수를 하는구나. 하늘이 나를 짐승들의 왕으로 정했다. 그래서 모두들 두려워하는데, 너는 하늘의 명령을 무시하는 것이냐?"

호랑이가 믿을 수 없다고 하자 여우는 자기를 따라오라고 했어. 호랑이가 뒤따라가면서 보니, 정말로 짐승들이 여우를 보고 달아나는 거야. 여우의 말이 맞다고 생각한 호랑이는 몰래 달아났어. 왕은 그제야 소해휼이 아니라 그가 지휘하는 군대를 두려워한다는 걸 알게 되었지.

고사성어 ··· 흉

96 호구지책
糊口之策

호구지책 : 입에 풀칠할 방도.
겨우 먹고살아 가는 방법.

'호구'가 무슨 뜻이에요?

'호糊'는 '풀칠하다', '구口'는 '입'이라는 뜻이야. '입에 풀칠을 한다.'라는 말이지. '풀칠하듯이 입에 밥물을 겨우 바른다.'라는 뜻으로, 먹을 것이 없다는 의미야.

'지책'은 무슨 뜻인가요?

'지之'는 어조사이고, '책策'은 '꾀, 계책'이라는 뜻이야. 그래서 '~을 할 방법'이라는 말이지.

#할머니는 어렸을 때 입에 풀칠하기도 어려웠대 #호구지책

목숨을 건 빈대들

6·25 전쟁이 일어나고 살길이 막막했던 시절의 이야기야. 굶주린 빈대들이 인천항 부두에 있는 노동자 숙소로 모여들었어. 빈대들은 노동자들이 자러 들어오면 공격을 시작했어. 노동자들은 그 공격을 피해 식탁 위에 누웠지. 그러자 빈대들은 식탁 다리로 기어올라 왔어. 노동자들은 궁리 끝에 식탁의 다리마다 물그릇을 받쳤어. 빈대가 물을 건너지는 못할 거라 생각했기 때문이지.

이제 잠 좀 자겠다 싶을 때 공격이 다시 시작되었어. 가만히 살펴보니, 빈대들은 벽을 타고 천장으로 기어오르고 있었어. 그리고 천장에서 노동자들을 향해 몸을 던졌지. 호구지책에 목숨을 걸었던 거야. 어렸을 때 부두 노동자 생활을 했던 현대 그룹 창업주 정주영 회장이 겪은 일이래.

고사성어 … ㅎ

97 호접지몽 胡蝶之夢

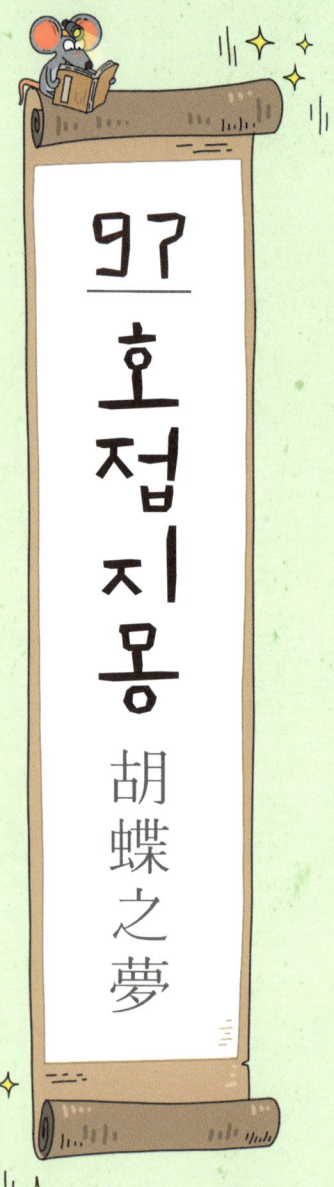

호접지몽 : 나비가 되어 날아다닌 꿈.
사물과 내가 한 몸이 되는 경지를 가리키는 말.

'호접'이 무슨 뜻이에요?

'호접胡蝶'은 나비를 이르는 한자말이야. 나비는 꽃을 찾아다니며 꿀을 빨아먹고 사는 곤충이지.

'지몽'은 무슨 뜻인가요?

'지之'는 어조사 '~의'이고, '몽夢'은 '꿈'이라는 뜻이야. '~의 꿈'이라는 말이지. 결국 '호접지몽'은 나비가 된 꿈을 의미해. 흔히 인생의 덧없음을 비유할 때 사용한단다.

#장자 왈 #나비가 나인가, 내가 나비인가? #호접지몽

내가 나비인지, 나비가 나인지

꿈속에서 장자는 나비가 되어 마음껏 날며 세상을 돌아다녔어. 그러다가 깨어 보니 한바탕 꿈이었지. 자기 몸을 살펴보니 사람의 모습이었어. 그런데 그 순간 자신이 나비가 되는 꿈을 꾼 것인지, 아니면 나비가 사람인 장자가 되는 꿈을 꾸는 것인지 알 수가 없는 거야. 또, 지금 여기 있는 사람이 자기인지, 아니면 꿈속에서 나비로 날아다닌 것이 자기인지도 알 수 없었지. 장자인 자신과 꽃 사이를 날던 나비는 분명히 별개의 몸인데, 자신을 잊고 있는 경지에 이르면 너와 내가 구별이 없게 되는 것이지. 그래서 장자도 나비도, 꿈도 현실도 구분이 없고, 세상은 오로지 만물의 변화만 있을 뿐이라는 거야. 『장자』에 나오는 이야기야.

205

고사성어 … ㅎ

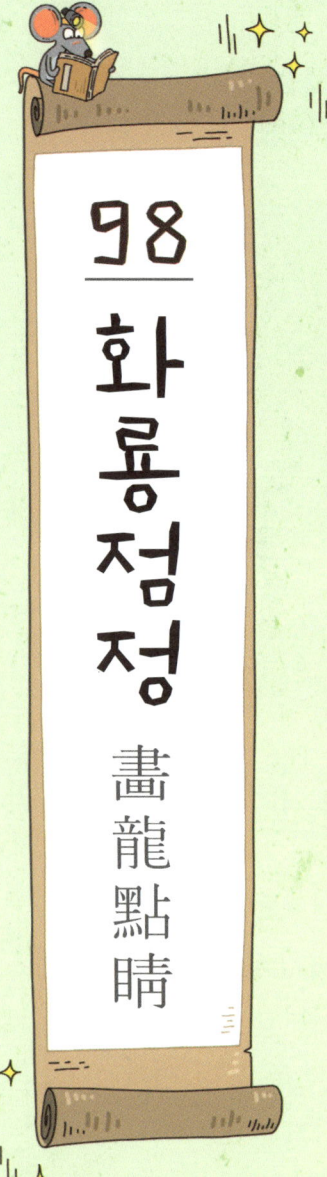

98 화룡점정 畫龍點睛

화룡점정 : 용을 그린 다음 마지막으로 눈동자를 그린다. 가장 중요한 부분을 완성한다.

'화룡'이 무슨 뜻이에요?

'화畫'는 '그림', '룡龍'은 '용'이라는 뜻이야. '용의 그림', '용을 그린 그림' 또는 '용을 그린다.'라는 말이지.

'점정'은 무슨 뜻인가요?

'점點'은 '점을 찍다.', '정睛'은 '눈동자'라는 뜻이야. '점을 찍듯이 눈동자를 그린다.'라는 말이지. 용이든 사람이든 눈동자가 없다면 어떻게 되겠어. 앞을 볼 수 없겠지? 그래서 '점정'은 가장 중요한 부분을 완성한다는 뜻이야.

#엄마의 화장은 빨간 립스틱을 바르면 끝나 #화룡점정

용이 하늘로 날아갈까 봐

장승요는 중국 남북조 시대에 우군장군, 오흥태수 등의 벼슬을 지냈는데, 화가로서 더 유명했어. 그가 안락사라는 절의 벽에 용 두 마리를 그렸어. 얼마나 잘 그렸는지 꿈틀거리며 바로 하늘로 올라갈 것만 같았지. 그런데 눈을 그리지 않는 거야. 사람들이 그 이유를 물었더니 눈을 그리면 용이 하늘로 날아가 버린다는 거야. 사람들은 말도 안 된다며 믿지 않았어. 장승요는 그 말이 사실임을 보여 주려고 용 한 마리의 눈동자에 까만 점을 찍었어. 그 순간 번개가 번쩍하고 요란한 천둥소리가 나더니 용이 벽을 박차고 하늘로 날아가는 거야. 그래서 눈동자를 그리지 않은 용 한 마리만 남게 되었지. 화룡점정이란 말은 여기에서 생겼어.

고사성어 … ㅎ

99 화사첨족 畫蛇添足

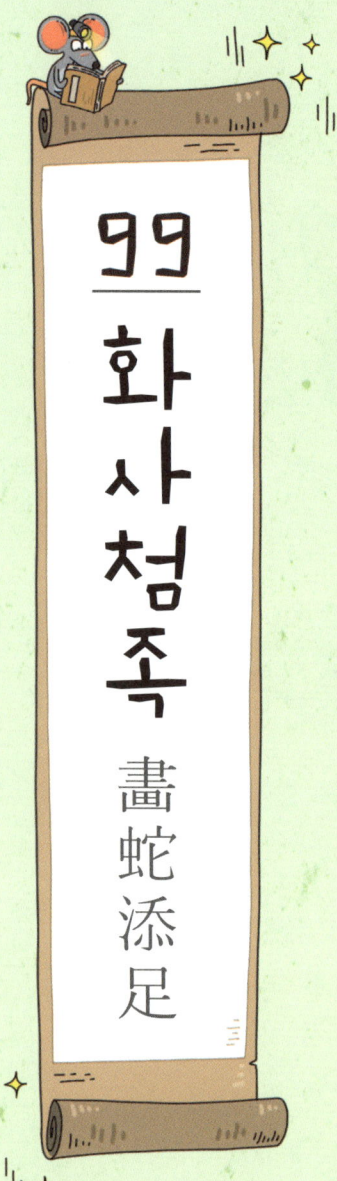

화사첨족 : 뱀을 그리고 발을 더한다.
하지 않아도 될 일을 하다가 오히려 일을 망친다.

'화사'가 무슨 뜻이에요?

'화畫'는 '그림', '사蛇'는 '뱀'이라는 뜻이야. '뱀을 그리다.', '뱀을 그려 놓은 그림'이라는 말이지.

'첨족'은 무슨 뜻인가요?

'첨添'은 '더하다', '족足'은 '발'이라는 뜻이야. '발을 더한다.'라는 말이지. 뱀을 그리면서 있지도 않은 발을 붙인다는 뜻이니, 쓸데없는 짓을 한다는 의미야.

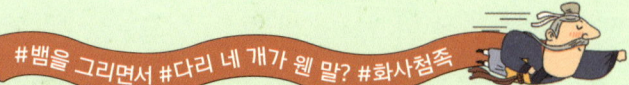
#뱀을 그리면서 #다리 네 개가 웬 말? #화사첨족

뱀한테 발은 왜 그려?

중국 초나라 때의 일이야. 제사를 지낸 주인이 하인들에게 술을 나눠 주려고 했어. 하지만 모두가 나눠 마시기에는 양이 턱없이 적었어.
"이걸로 어떻게 나누어 마셔?"
"괜히 입맛 버리지 말고 누구 한 사람이 마시자고."
"그럼 땅에 제일 먼저 뱀을 그린 사람이 마시도록 하지."
모두들 땅에 뱀을 그리기 시작했어. 그리고 가장 빨리 그린 사람이 술그릇을 잡았지. 그런데 발도 그려야겠다며 다시 그림에 손을 대는 거야. 그때 다른 사람이 뱀을 다 그렸다며 술그릇을 가로채서 마셔 버렸어.
"원래 있지도 않은 뱀의 발은 왜 그린 거야?"
뱀의 발을 그리던 사람은 웃음거리가 되고 말았어. 중국 역사책 『사기』에 나오는 이야기야.

고사성어 … ㅎ

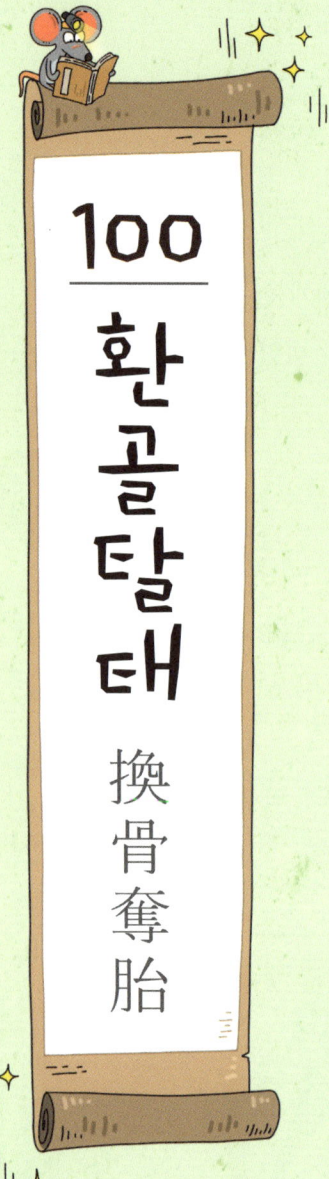

100
환골탈태
換骨奪胎

환골탈태: 뼈를 바꾸고 모습을 벗는다.
얼굴이나 모습이 몰라볼 정도로 아름다워진다.

'환골'이 무슨 뜻이에요?

'환換'은 '바꾸다', '골骨'은 '뼈'라는 뜻이야. '뼈를 바꾼다.'라는 말이지. 낡아서 못 쓰게 된 제도나 기력을 잃어 가는 마음 같은 것을 새롭게 한다는 의미야.

'탈태'는 무슨 뜻인가요?

'탈奪'은 '벗다', '태胎'는 '아이를 뱀, 태아, 태반'이라는 뜻이야. '모습을 바꾼다.'라는 말로, 얼굴이 달라지거나 태도가 변한다는 뜻이야. 여기서는 '바꾼다'의 속뜻이 더 좋게 한다는 것으로, 환골과 같은 의미야.

#성형 수술하고 나타난 이모 #연예인인 줄 알았어 #환골탈태

부리랑 발톱이 새로 돋아나면

솔개의 수명은 70~80년이야. 하지만 40년이 지나면 부리는 구부러져서 가슴을 찌르고, 발톱은 무뎌져 먹이를 못 잡고, 깃은 낡아져 날기가 힘들어지지. 그때가 되면 솔개는 높은 산 바위틈을 찾아가서 130일간 몸 바꾸기를 한대. 바위를 쪼아서 구부러진 부리를 부수어 새로운 부리가 나게 하고, 부리가 새로 나면 그 부리로 발톱을 뽑지. 발톱을 뽑은 자리에 새 발톱이 돋아나면 그다음은 낡아서 못 쓰게 된 깃털을 뽑아. 사람이 손톱이나 이가 빠지면 새로 나는 것과 같은 이치야. 새로운 부리와 발톱, 깃털을 갖게 된 솔개는 젊어진 몸으로 30년을 더 살게 되는 거지. 중국의 『냉재야화』에 나오는 이야기야.

고사성어 … ㅎ

101 후생가외 後生可畏

후생가외 : 뒤에 태어난 사람은 두려워할 만하다. 자라나는 사람이나 배움의 과정에 있는 사람이 두렵다.

'후생'이 무슨 뜻이에요?

'후後'는 '뒤', '생生'은 '나다, 낳다'라는 뜻이야. '뒤에 나거나 뒤에 산다.'라는 말이지. 여기서는 '죽은 뒤의 세상'이 아니고 '나보다 뒤에 태어난 사람'을 뜻해. 즉 후배들을 가리키지.

'가외'는 무슨 뜻인가요?

'가可'는 '옳다', '외畏'는 '두려워하다'라는 뜻이야. 여기서 '두려움'은 겁나는 것, 무서운 것을 말하는 게 아니라 함부로 얕잡아볼 수 없다는 의미야.

#할아버지는 나한테 컴퓨터 배워 #후생가외

어리다고 무시하면 안 돼

"뒤에 태어나는 사람이 무섭다. 미래의 그들이 우리보다 못할 것이라고 할 수 있겠는가?"

2,500여 년 전 공자가 한 말이야. '후생가외'라는 거였지.

"너, 나이가 몇 살이냐? 어린 게 까불고 있어."

이런 말을 함부로 해선 안 돼. 할아버지가 손자에게 배운다는 말이 현실이 되어 가는 세상이거든. 먼저 태어난 세대보다 뒤에 태어난 세대가 오히려 세상 이치에 밝을 수 있어. 스마트폰이나 컴퓨터만 봐도 그렇잖아. 할아버지와 할머니가 손자 손녀들을 가르쳤다는 공자 시대에도 뒤에 태어난 사람들이 두렵다고 했는데, 지금 시대에는 더 말할 것도 없지.

고사성어 속 주요 인물 찾아보기

강태공 … 113
공자 … 13, 213
관중 … 63
구천 … 29
궁예 … 51
김부식 … 17

나폴레옹 … 93, 111

단종 … 55
디오게네스 … 145

루이 14세 … 155
링컨 … 129

마크 트웨인 … 163
마호메트 … 147
맹사성 … 27
맹상군 … 131
맹자 … 88, 89

반고 … 87
부차 … 29

서시 … 29
성삼문 … 55
세종 … 31
소크라테스 … 187
수양대군 … 55

아사녀 … 153
아사달 … 153
아인슈타인 … 21
알렉산드로스 대왕 … 145
여불위 … 15
예수 … 141
오자서 … 81
웰링턴 … 111
유방 … 45, 49, 67, 103, 189
유비 … 119
이방원 … 37
이백 … 83
이조년 … 23

장자 … 205
조조 … 119
진시황 … 99

칭기즈칸 … 75

코난 도일 … 159

평원군 … 61
프리드리히 … 151

한신 … 45, 67, 189
항우 … 49, 103, 189
황희 … 31
히틀러 … 127

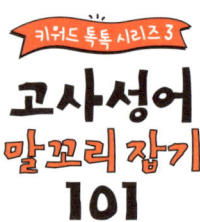

1판 1쇄 발행일 2019년 8월 6일   1판 2쇄 발행일 2020년 6월 9일
글 김종상   그림 송영훈   펴낸곳 (주)도서출판 북멘토   펴낸이 김태완
편집장 이미숙   편집 정내현, 김정숙   디자인 유경희, 안상준   마케팅 최창호, 민지원
출판등록 제6-800호(2006. 6. 13.)
주소 03990 서울시 마포구 월드컵북로 6길 69(연남동 567-11) IK빌딩 3층
전화 02-332-4885   팩스 02-332-4875   이메일 bookmentorbooks@hanmail.net
페이스북 https://www.facebook.com/bookmentorbooks

ⓒ 김종상 · 송영훈, 2019

※ 잘못된 책은 바꾸어 드립니다.
※ 이 책은 저작권법에 따라 보호를 받는 저작물이므로 무단 전재와 무단 복제를 금합니다.
※ 이 책의 전부 또는 일부를 쓰려면 반드시 저작권자와 출판사의 허락을 받아야 합니다.
※ 책값은 뒤표지에 있습니다.

ISBN 978-89-6319-311-3 73710

이 도서의 국립중앙도서관 출판예정도서목록(CIP)은 서지정보유통지원시스템 홈페이지
(http://seoji.nl.go.kr)와 국가자료종합목록 구축시스템(http://kolis-net.nl.go.kr)에서
이용하실 수 있습니다. (CIP제어번호 : CIP2019026578)

인증 유형 공급자 적합성 확인 **제조국명** 대한민국 **사용연령** 8세 이상
KC마크는 이 제품이 공통안전기준에 적합하였음을 의미합니다.
종이에 베이거나 책 모서리에 다치지 않도록 주의하세요.